TEREMTÉS A BÁNTALMAZÁS UTÁN

HOGYAN GYÓGYULJ KI A TRAUMÁBÓL ÉS HALADJ ELŐRE AZ ÉLETEDBEN, MIKOR MINDEN MÁS KUDARCOT VALLOTT?

DR. LISA COONEY

Ezt a könyvet azoknak ajánlom, akik egy „láthatatlan ketreccel" körülvéve élték le az életüket, és akik készen állnak levetkőzni ezt a ketrecet azáltal, hogy elfogadják, hogy ők (te vagy) a kulcsa.

Te vagy a kulcs, ami kiszabadít bármiből és mindenből; a választásod, hogy nem leszel kitalációk áldozata, amelyek megakadályozzák, hogy Megéld az ÜVÖLTÉSED!.

Most jobban, mint valaha, eljött az ideje a bántalmazás UTÁNI teremtésnek, és hogy megálljt parancsolj annak, hogy a múltad irányítsa a jövődet.

Mi van akkor, ha a múltadban minden egy poszttraumatikus fejlődési lehetőség? Én ezt választom.

Rendületlenül hálás vagyok mindazokért a képzésekért és tapasztalatokért, amelyeket össze tudtam szőni, hogy segítsek magamon és másokon. Különösen hálás vagyok mindazoknak, akik most és korábban is hozzájárultak a ÜVÖLTSÉHEZ.

Na meg neked, olvasó! Teremtsük meg a világot, amiről tudjuk, hogy lehetséges!

Ennek a könyvnek igen hosszú várandóssági ideje volt. Most már látom, hogy tényleg „neki kellett álljak" az életem, élésem és az üzletem teremtésének a bántalmazást követően. Ez némi időt vett igénybe. Hálás vagyok a hullámzásért, valamint a könyv szeretetteljes útmutatásáért.

Elismerem magam, amiért nem mondtam le se róla, se magamról. Eltökélt vagyok, hogy megmutassam az évtizedes bántalmazás számos formáját követő gyógyulásnak és teremtésnek egy más lehetőségét.

Amikor az emberek beazonosítják a ketrecet, amiben és ami alatt éltek, a bántalmazás gyógyításának új paradigmái kezdenek megnyílni, ezt követően pedig a bántalmazás utáni teremtés is.

Elismerem, hogy mindnyájan birtokában vagyunk egy ajándéknak, egy ötletnek és egy hozzájárulásnak, ami az ezen a bolygón történő változásokhoz és gyógyuláshoz szükséges. Számomra ez a könyv ennek a része. Üdvözöllek a saját teremtéseidben, és remélem, hogy ez a könyv teremtésre buzdít majd. A bántalmazás nem a vég, hanem a saját életed újként teremtésének a kezdete a mostban.

Fogj hát neki, teremtésre fel! Így számoljuk fel a bántalmazást: nem állunk meg, hanem túlnövünk rajta, és önmagunkhoz hűen élünk.

Milyen más választások lehetségesek? És hogyan választhatod most azokat?

BEVEZETÉS

A felnőtt létem nagyját azzal töltöttem, hogy módokat kerestem a bántalmazás gyógyítására.

A legtöbb általam ismert emberhez hasonlóan, akik kutatják a gyógyírt a bántalmazásra, én is magamon kívül keresgéltem anélkül, hogy ráeszméltem volna, hogy én magam vagyok a forrása a saját gyógyulásomnak. Mindig úgy éreztem, hogy ha elmegyek még egy képzésre, ha alkalmazok még egy terapeutát, még egy tanártól tanulok, akkor varázslatosan rábukkanok a kulcsra. Azonban a bántalmazás gyógyításának kulcsa már benned lakozik. Eddig azzal a hazugsággal etettek, hogy a gyógyulás olyasvalami, amire magadon kívül kell rátalálnod. Amennyiben magadon kívül kutattál válaszok után, ebben a könyvben egy teljesen más mintát fogunk feltérképezni. Megmutatom, hogy nemcsak arra van mód, hogy felülkerekedj a bántalmazás történetén, hanem arra is, hogy egy olyan életet élj, ami „Radikálisan elevennek" érződik.

Számtalan mítosznak bedőlhettél azzal kapcsolatban, mit jelent átalakítani a bántalmazást, ez a könyv pedig eloszlatja majd ezeket a tévhiteket:

Az első, hogy egyedül kell végigcsinálnod. Ha bevetted a „túlélő mentalitást," akkor valószínűleg hozzá vagy szokva, hogy átküzdd magad rajta, és megpróbáld egyedül csinálni az egészet. A bántalmazás gyógyításának új paradigmája részben arról szól, hogy elismered, hogy erre nincs szükség.

A második mítosz, amit bevehettél, hogy nincs választás. Ez alatt azt értem, hogy nincs választásod az automatizált cselekvéseidben és reakcióidban, amelyek a bántalmazásból erednek. Ahogy folyamatosan ki is emelem ebben a könyvben, minden egyes pillanatban, mindig van választás. Egyszerűen csak elképzelhető, hogy mostanáig nem voltál rá éber, hogy van választásod, arról nem is beszélve, hogyan válassz mást. Ezen a világon, valamint az életedben semmi nem fontosabb, mint egy nagyszerűbb lehetőség választása.

Az én megközelítésem közvetlen, valós és együttérző módon nevezi meg, amit még sosem neveztek meg. A bántalmazás számtalan formájára hivatkozok, amit manapság még mindig eltűrnek és fenntartanak.

Amikor a bántalmazásról beszélek, nemcsak a fizikai és szexuális erőszak jól ismert formáira gondolok, hanem a színfalak mögött húzódó, társadalmilag elfogadott egymást manipuláló, kontrolláló és elnyomó módokról is. A bántalmazásnak voltaképpen számos arca van, ide tartoznak például a passzív-agresszív kommunikációs formák, amiket emberiségként elsajátítottunk. Például valaki azt mondja, hogy minden rendben van és ne aggódj miatta, miközben ezt egy olyan hangsúllyal spékeli meg, ami azt sugallja, hogy ez nagyon nincs rendben, és ezért később még megfizetsz. Vagy amikor valaki egészen addig ad neked szeretetet és figyelmet, amíg pontosan azt teszed, amit elvár tőled, és abban a pillanatban, amikor olyat mondasz vagy csinálsz, ami nem tetszik neki, fejcsóválva elfordul és elnémul. Azt mondja, hogy van választásod, ám megbüntet, ha nem azt választod, amire ő gondolt.

Ennek következményeképpen alakul az ki, hogy az általam „a bántalmazás ketrecének" nevezett dologban jársz-kelsz anélkül, hogy tudomásod lenne róla. A ketrecet, amit átfogóan felderítünk majd ebben a könyvben, egyfajta „láthatatlan pajzsként" vonják maguk köré öntudatlanul a bántalmazás túlélői. A bántalmazott emberek gyakran nincsenek tisztában vele, hogy napi szinten ebben a ketrecben élik az életüket, csupán csak a korlátozottság, nehézség és sűrűség érzetét ismerik. A dolgok nem olyan ragyogóak, mint lehetnének, és nem tudják, miért. Néhányan ezt egy krónikus betegség, a depresszió vagy valami más számlájára írják.

Nem számít, hogy a bántalmazás, amit megtapasztaltál, szexuális, fizikai, szellemi, pénzügyi vagy érzelmi természetű; hogy ez egy egyszeri esemény volt, vagy incidensek sorozata. Ettől függetlenül cipelünk egyfajta rosszaságérzetet magunkkal, ami a kezdetektől fogva rossz helyen van. Ez az elkövetőhöz tartozik, de magunkra vesszük, mintha a sajátunk volna, majd ebből a belső rosszaságérzetből teremtjük az életünket. Ennek az az eredménye, hogy rengeteg hatalommal ruházzuk fel a bántalmazás kezdeményezőjét, és nagyon kevés éberséggel magunkat.

Ha tapasztaltál bántalmazást, nagy valószínűséggel elsajátítottál bizonyos stratégiákat, hogy megbirkózz vele, eltűrd és működőképes legyél a bántalmazó környezetben. Ha például azt mondták, hogy fogd be a szád, amikor beszélni kezdtél, minden bizonnyal megtanultál kevesebbet beszélni, vagy csak akkor felszólalni, amikor megbizonyosodtál róla, hogy ez mindenkinek megfelel. Vagy amikor egy boldog, izgatott állapotodban valaki rád szólt, hogy fogd vissza magad, abból levonhattad a következtetést, hogy helytelen dolog boldognak és izgatottnak lenni, vagy hogy ez felzaklat másokat. Átvitt értelemben megtanuljuk meghajlítani, összehajtani és megcsonkítani magunkat, hogy beleférjünk a ketrecbe. Például csak akkor lehetünk boldogok, ha a körülöttünk levők boldogok, vagy képtelenek vagyunk úgy látni a dolgokat, ahogy vannak, helyette inkább úgy teszünk, mintha minden rendben lenne (még akkor is, ha tudjuk, hogy ez nem igaz), vagy pedig lemondunk azokról az álmainkról és vágyainkról, amikért mások megítélnének.

Egészen addig ebből a térből vonzzuk be az egész életet és hozunk döntéseket, amíg éberré nem válunk a ketrecben felvett hitrendszerekre és korlátozásokra.

- Ha elhisszük, hogy nem vagyunk méltóak a szeretetre úgy, ahogy vagyunk, azzal olyan embereket engedünk be az életünkbe, akik ugyanúgy ítélnek meg és kritizálnak minket, ahogy anno a szüleink tették.
- Ha elhisszük, hogy valami baj van velünk, olyan emberekkel találjuk szemben magunkat, akik ugyanígy éreznek.
- Ha elhisszük, hogy valahányszor boldogok vagyunk, rossz dolgok történnek, azzal olyan embereket vonzunk be, akik fenyegetve érzik

magukat a boldogságunk által, ezért megbüntetnek minket érte.

- Ha elhisszük, hogy minden, ami történt, a mi hibánk volt, olyan emberekkel találkozunk, akik nem vállalnak felelősséget a tetteikért, és akik azt tanulták, hogy másokat hibáztassanak a saját viselkedésükért.

Amíg éberré nem válunk minderre, és ki nem törünk ezekből – amire meg foglak tanítani ebben a könyvben –, szenvedni fogunk. Amint tudatosítunk valamit, akkor kezdhetünk el választani.

Ez a folyamat kitartást és elhivatottságot igényel – amire én a tudatosság állhatatosságaként hivatkozok –, hogy elismerjük a ketrecet, amiben élünk, és ami ezidáig benne tartott a bántalmazás, alkalmatlanság és korlátozás soha véget nem érő történetében, ami a valóságoddá vált. A célom az, hogy segítsek felismerni, hogy képes vagy egy új valóságot teremteni, és választani, hogy levesd a régi struktúrákat és hazugságokat, amik ezidáig a ketrecben tartottak.

HOGYAN MŰKÖDIK EZ A KÖNYV

Ez a könyv segít, hogy ki tudj lépni a láthatatlan ketrecedből. Ám mielőtt megtennéd, fel kell ismerned, el kell fogadnod és tudnod, hogy létezik. Az én megközelítésem arról szól, hogy megnevezzük azt, amit valószínűleg eddig soha nem neveztek még meg nálad. Ahogy megneveztük a ketrecet, láthatóvá válik a számodra. Érzékeled a határait, a rácsokat, és képessé válsz kilépni belőle. Mielőtt észbe kapnál, már el is nyelt, és megformálta minden választásodat, mozdulatodat, gondolatodat. Megformálja a valóságodat, és a saját magadról alkotott képedet.

Ha mostanáig a ketrecben élted az életedet, vélhetően azt gondoltad, hogy ez az egyetlen választásod. Voltaképpen a legtöbb embernek, akivel valaha dolgoztam, a választás ötlete elsőre zavarba ejtőnek tűnt. Elhitették velünk a mítoszt, miszerint ha bántalmazásban volt részünk, az életünk örökké szenvedéssel teli lesz majd. Az életed ezidáig valószínűleg elég bizonyítékkal szolgált ennek igazolására. A választás olyasmi lehet, amit eddig fontolóra sem vettél. Ez a könyv azonban nemcsak megmutatja neked, hogyan válassz másképp, de eszközöket is ad a kezedbe ennek érdekében.

Elképzelhető, hogy tetemes mennyiségű időt és energiát fektettél már abba, hogy megpróbálj kigyógyulni a bántalmazásból. Eddig talán nem láttad a kívánt eredményeket. Azt vettem észre, hogy sok eszköz és gyakorlat arról szól, hogy megjavítsd vagy meggyógyítsd magad, és visszaszerezz valamit, amit vélhetőleg elvesztettél. A hagyományos terápiás modell azt tanítja, hogy meg kell „javítanod" magad ahhoz, hogy szabad lehess. Ha ezt a modellt alkalmazod, azzal feltételezed, hogy valami baj van veled, és megoldást keresel, hogy orvosold a problémát. Ez aztán egy feneketlen gödörré válik, aminek sosem érsz az aljára, hiszen sosem érzed megjavítva vagy egésznek magadat. Netalántán hasonló köröket rósz újra meg újra, miközben azon tűnődsz, hogy vége lesz-e valaha, és várod a napot, amikor végre meggyógyulsz.

Pszichológiában szerzett doktorátussal rálátok azokra a hiedelmekre, és ezeknek a hiedelmeknek a korlátozásaira arról, hogy mit jelent a bántalmazásból való felépülés manapság a hagyományos pszichológia világában. Túllátok azonban a bántalmazásgyógyítás jelenlegi paradigmájának a korlátain is. Arra buzdítalak, hogy csatlakozz hozzám a meglévő paradigma falain túl, a Radikális elevenség egy új paradigmájában.

Ez a könyv fejtetőre állítja a bántalmazás régi kezelésmintáját. Ráébredsz majd, hogy nem kell semmit visszaszerezned vagy megjavítanod. Ehelyett megosztom veled, hogyan válassz egy teljesen más létállapotból. Megtanulod azt választani, hogy véget vess a bántalmazás gyakorlatának vagy folytatódásának, és többé nem engeded meg a visszaélésnek vagy az események láncolatának, hogy uralják az egész életedet.

A Radikális elevenség modellje, amit ebben a könyvben eléd tárok, állandó választást és állandó éberséget követel. Nem a veled történtek által definiálni magadat egy választás, aminek a meghozatalában ez a könyv a segítségedre lesz minden egyes nap minden egyes pillanatában. Amit itt most megosztok veled, túlmutat a gyors javítgatások vagy az egyik napról a másikra való regenerálódás keresésén. Ez egy folyamatos gyakorlás a tudatos jelenlét állapotában, amely során éberré válsz a benned rejlő választásra a jelen pillanatban, és amely során elérhetővé válik az új lehetőségek választása.

Oly módokon fogom körbejárni a bántalmazást, ami valószínűleg újkeletű lesz számodra, ahogy szavakba öntöm a megküzdés ki nem fejezett gondolatait, érzéseit és stratégiáit. Hasonlatos lesz egy új nyelv elsajátításához, azonban amikor meghallod, vélhetőleg egyfajta megkönnyebbülés érzetével társul majd, ami lehetőséget ad rá, hogy friss szemmel nézhess a világra. Ez már önmagában képes egy jelentős változást létrehozni az érzékelésedben és a valóságodban.

A közös munkánk java ott kezdődik, hogy növeljük az éberségedet. Az Első részben megnézzük, mit is jelent ez belső szinten, megvizsgáljuk azt, amit én „4 D"-nek hívok, ami feltehetőleg a kicsekkolásod okozója lehet: Tagadás (Denying), Védekezés (Defending), Leválás

(Disconnecting), valamint Elkülönülés (Dissociating), és felfedezünk néhány ismerős érzelmet, ami a bántalmazottságot kíséri, mint például szégyen, harag, düh, szomorúság és félelem. A Második részben megnézzük, hogyan alakítja és befolyásolja külsőleg továbbra is az életedet a bántalmazás, beleértve az egészségedet és a testedet, a kapcsolataidat és a szexet, valamint a karrieredet és a pénzt. Végezetül pedig a Harmadik részben rátérünk arra, hogyan lépj túl a bántalmazáson, egyenesen egy Radikálisan eleven életbe. Egy forradalmi beszélgetésbe kezdünk a reményről, megmutatva, hogyan férj hozzá egy új életvitelhez. Felfedezed, hogyan változz meg, hogy többé ne az ezt megelőző, régi felépítésedből működj (a múltból), hanem egy új tudatossági és éberségi állapotból tapasztald meg az életet. Képes leszel jobban jelen lenni, és megálljt parancsolni a „kicsekkolás" ismerős mintázatának, ami lényegében egyfajta távolmaradás az életedtől.

Minden fent említett dolgot meg fogunk vizsgálni a bántalmazás ketrecének határaiból a Radikális elevenségbe mozdulással összefüggésben, ahol már egy olyan életet teremtesz és generálsz magadnak, ami túlszárnyalja a legmerészebb elképzeléseidet is.

ELSŐ RÉSZ: A BÁNTALMAZÁS KETRECÉBE ZÁRVA

ELSŐ FEJEZET: A LÁTHATATLAN KETREC

Ahogy felkelsz reggel, már sorolod is azon dolgok litániáját, amelyek nem megfelelőek az életedben, vagy amiket rosszul csináltál tegnap? Ez az önbírálatnak egy formája – a „láthatatlan ketrec" védjegye. Ebben ráadásul az a legironikusabb, hogy az egyetlen valóban rossz dolog ebben az, hogy megítéled magadat.

Az ítélet egy alattomos, ám kifinomult energia. Amikor önmagad ellen használod, a saját örökös börtönőröddé válsz, és bezáródsz abba a hamis hitbe, hogy hibás, rossz és értéktelen vagy. Ha állandóan azt gondolod, hogy valami nincs rendjén, akkor ezt fogod megteremteni és manifesztálni, hogy bebizonyítsd magadnak, hogy legalább ebben igazad van. Van egy részünk, ami szereti igazolni azt, amit negatívnak bélyegeztünk. Ez egy ismerős érzet, amihez annyira hozzászoktunk, hogy az „otthonunknak" nevezzük.

Az ítélkezésben az a legnagyobb kihívás, hogy nem teszi lehetővé a nagyszerűbb lehetőségek szabadságát és kiterjeszkedését, ehelyett megtartod magad kicsinek, küszködőnek, az árral szemben úszva.

A legfőbb kulcsa a láthatatlan ketrecből és a bántalmazás markából való kiszabadulásnak, hogy túllépj az ítélkezésen. Ebben a könyvben feltérképezzük a saját magadra és másokra zúdított ítéleteidet, valamint azt a nem szándékos, ám közvetlen végkimenetelt, ami gyakran ennek hatására jön létre. Ezt követően olyan módszereket fedezünk fel, amikkel túlléphetsz ezeken, hogy a „mostból" teremts, és ne a múlt tapasztalataiból.

Jól ismerem az utat.

Elég, ha követed a fényt.

AZ ÉN TÖRTÉNETEM

„Jól vagy?" – kérdezte tőlem.

Egyszerű kérdésnek tűnt ugyan, ám igazság szerint ez volt az első alkalom, hogy bárki feltette ezt nekem. Ekkor 21 éves voltam.

Vártam, ízlelgettem a kérdését. Természetesen a válasz határozottan *nem* volt. Tényleg nem voltam jól, és ahogy ott ültem, a családi erőszak pszichológusom irodájában, azon agyaltam, voltam-e valaha rendben.

Ez a pillanat egy fordulópont volt, ami egy fenomenális utazást indított el, amely során nemcsak a saját bántalmazásproblémáim gyógyulhattak be, hanem a világon számtalan embernek segíthettem ugyanebben. Olyan volt, mintha valaki végre átlátott volna az álarcomon, és felemelte volna a fátylat. Nem tudtam többé elbújni a fájdalom elől, avagy ellökni magamtól. Évek óta először könnyekben törtem ki. Jóval azelőtt megtanultam, hogy sírni nem biztonságos, így például ez olyasmi volt, amit sosem mertem volna megengedni magamnak anyám jelenlétében, lévén, hogy annak súlyos következményei lettek volna.

Eddig a fordulópontig egy láthatatlan ketrecben éltem. Természetesen nem egy tényleges ketrecben, hanem egy képletesben. Ha egy bántalmazásmintázatban találod magad az életed ezen pontján vagy valaha a múltban, valószínűleg tudod, miről beszélek. Ez olyasvalami – a láthatatlan, és sokszor meghatározhatatlan ketrec, amit a bántalmazás hoz létre –, amihez emberek tízezrei képesek kapcsolódni, akik valaha kapcsolatba kerültek velem a munkám, valamint rádióműsoraim során. Ez a belső, néma elnyomó, amiből kiindulva meghatározzuk saját magunkat.

Addig a pontig az életem fizikai, érzelmi és szexuális bántalmazások soha véget nem érő áradata volt. Lényegében csak ezt ismertem, ma már azonban a gyógyulás egy teljesen más teréből tudom megosztani a történetem, szem előtt tartva – miközben elég éber vagyok az érzelmi nyomógombjaimra, hogy mást válasszak –, hogy időnként még mindig használnom kell az itt említett eszközöket és technikákat. Ez nem egyik napról a másikra történik, hanem egy folyamat.

Mint a legtöbb gyerek, akit bántalmazás ért, az enyém is számos forrásból érkezett, azonban az anyámmal kapcsolatosak hagyták bennem a legmélyebb nyomot.

Úgy lettünk felnevelve, hogy ne szóljunk semmit arról, amit gondolunk vagy érzünk. Ellenkező esetben szó szerint meg lettünk verve és kínozva. Anyám haragját egy diagnosztizálatlan személyiségzavar tüzelte. Nem véletlenül kezdtem később pszichológiát tanulni, és végül én magam diagnosztizáltam őt.

Még ha le is doktoráltam, anyám rólam alkotott elképzelése, a velem való viselkedése elhitette velem, hogy buta vagyok, és ezt a hitet gyerekkoromtól kezdve cipeltem. Az életemnek nem volt olyan területe, ami mentesült volna a mintázataitól. Például amikor írni tanultam, anyám fejbevágott, ha kifutottam a vonalból. A tanulásomhoz való hozzáállásának köszönhetően egy teljesen introvertált diák lettem. Emlékszel a gyerekre, aki folyton egyedül volt, és álmodozott? Én voltam az.

Ha az akkori érzelmi állapotomra gondolok, talán úgy tudnám a legjobban leírni, hogy nem létezett. Korán megtanultam, hogy biztonságosabb teljesen bezárkózni. Alig szóltam bárkihez, és teljesen kicsekkoltam. Még akkor is, amikor képzelődtem, az rendre ellenem irányult. Ahogy Brooklynban, a barna téglaházunkban ültem, a kandallóba bámulva azt képzeltem, hogy a lángok démonok, akik megtámadnak engem.

Az iskolázásomat érintő incidensek messze nem értek fel más problémákkal, amikkel szembe kellett néznem. Kegyetlenebb pillanataiban anyám képes volt teljesen elveszni a dührohamában, és szó szerint megverni engem. Volt, amikor a hajamnál fogva húzott végig a padlón, miközben összepisiltem magam. Az életem sokkal inkább hasonlított egy túlélő módba kapcsolt állatéhoz, aki folyamatosan, egyik pillanatról a másikra megkérdőjelezte a biztonságát.

Mint oly sok gyerek, aki hasonló cipőben járt, én is állandóan arról fantáziáltam, hogy meghalok vagy elszökök otthonról – bármiről, amivel megléphetek anyám zsarnoksága elől. Csak feküdtem, azon tűnődve, hányféleképpen halhatnék meg. Valójában csak azért nem vetettem véget az életemnek, mert túlságosan is féltem valóban megtenni. Az egyetlen öngyilkossági kísérletemre később került sor, amikor megpróbáltam kilépni egy busz elé, de nem jártam sikerrel. Olyan volt, mintha valami visszahúzott volna, pedig senki nem volt a közelemben akkor. Az a pillanat volt az egyik legjelentősebb figyelmeztetés az életemben – elindított a gyógyulás útján, majd idővel számos irányba terelt. Ledoktoráltam pszichológiából, majd végül alternatív modalitások felfedezése felé terelődtem, amik a szellemi világgal foglalkoztak, beleértve a hipnoterápiát, sámánizmust, Theta Healinget és más modalitásokat. Ezek mindegyike olyan eszközöket és technikákat adott a kezembe, amikkel növelhettem a tudatosságomat, és az egység irányába mozdulhattam.

Az egyik legfontosabb felfedezésem a gyógyulás folyamatában a „láthatatlan ketrec" létezése volt.

A KETREC MEGHATÁROZÁSA

Azért hívom láthatatlannak, mert bár néma fogolyként éltem benne, fogalmam nem volt a létezéséről. Évtizedekbe tellett, mire meg tudtam nevezni, nem is beszélve arról, mire üzenetté tudtam formálni, amit aztán megoszthattam a világgal. Mégis, akárhányszor beszéltem a láthatatlan ketrecről valakinek, akit bántalmazás ért, felismerés, illetve gyakran megkönnyebbülés suhant át az arcán. Neked is hasonló élményed lehet, ahogy ezeket a szavakat olvasod.

A ketreced olyan, mint egy szellem, aki folyamatosan a füledbe suttog. Suttog, amikor kihívásokkal kerülsz szembe, ám akkor sem áll le, amikor szép az élet. Sőt, leginkább olyankor szokott felerősödni, mivel a ketrec határain belüli élet egy ismerős térben tart. Furcsa megnyugvással tölt el a ketrecen belüli lét, akármennyire is vágysz az azon túli életre.

Ketrecben élni olyan, mint hang nélkül létezni. Elképzelhető, hogy képes vagy beszélni és működni a világban, de van egy részed, ami elszigetelődött, néma, és le van vágva a valóságról. Egy részed, ami benned él, élettelenül, megrogyva és érzéketlenül.

A ketrec az életed minden egyes kapcsolódási pontját valami pusztítóvá ferdíti. Távol tart annak a lehetőségétől, amit teremthetnél és generálhatnál, valamint egy „nem-választás valóságra" korlátoz téged.

A ketrec hiányon, korlátozáson és hazugságokon alapul. A ketrecbe tesszük a pénzünket, a karrierünket, az életünk döntéseit, a kapcsolatainkat, valamint minden mást is, és ezen belül cselekszünk és reagálunk. Eltaszítjuk magunktól az embereket. Úgy döntünk, hogy nem kezdünk olyan üzleti vállalkozásba, ami jövedelmező lehet. Elutasítjuk azokat a kapcsolatokat, amelyekben megvan a lehetőség, hogy szerető és pozitív módokon támogassanak minket. Azon tűnődünk, miért szabotáljuk önmagunkat, holott csupán csak abból működünk, amit a ketrec előír: harcolj az élettel, és mondj „nemet" a félelem szűkös teréből ahelyett, hogy magadhoz ölelnéd az életet, és „igent" mondanál egy kiterjedt térből. Kikövetkeztetjük az életet anélkül, hogy feltennénk egy kérdést. A bántalmazásunk élménye alapján reagálunk, ennek eredményeképp fenntartva az adott tapasztalatot. Képesek vagyunk például elsétálni valaki mellett az utcán, akit még sosem láttunk azelőtt, és rögtön fenyegetve és félelemmel telve érezni magunkat, illetve rögtön sokkba kerülni anélkül, hogy tudnánk az okát. Elképzelhető, hogy ugyanolyan volt a kölnije, mint a gyerekkori bántalmazónknak.

A ketrecben élés fájdalma annyira erős tud lenni, hogy sokszor azt választjuk, hogy egyáltalán nem tartózkodunk ott. A legrosszabb esetekben a halál tűnhet az egyetlen kiútnak, és felmerülhet bennünk az öngyilkosság gondolata. Mint ahogy sokan, akik elvesztették az élni akarásukat, én is gyakran voltam olyan emberekkel körülvéve, akik öngyilkosok lettek. Ez jócskán velem tartott felnőttkoromban is, amíg meg nem tapasztaltam a saját problémáim monumentális átalakulását.

Leggyakrabban, amikor képtelenek vagyunk elhessegetni a szörnyet a ketrecben, lezsibbadunk vagy „kicsekkolunk", hogy elkerüljük ennek a fájdalmát. Egy nap folyamán többször kicsekkolunk, ezáltal pedig lényegében önmagunk porhüvelyeként létezünk. A még alaposabb kicsekkolás érdekében ételhez, alkoholhoz, drogokhoz vagy gyógyszerekhez folyamodhatunk. Olykor „balesetekbe" is keveredhetünk – kisebbekbe, például elvágjuk az ujjunkat a késsel, miközben a paradicsomot szeleteljük a salátába, vagy beletolatunk valakibe a parkolóban, olykor pedig még rosszabbakba. Ezek a dolgok könnyen előfordulhatnak, ugyanis tudat alatt szabotáljuk önmagunkat, hogy felkeltsük a saját figyelmünket – hogy felébresszük magunkat. Amint abbahagyjuk a nem jelenlévő önmagunkként működést, és beleállunk abba, akik valójában vagyunk, már nem „szükséges" folytatnunk ezeket a viselkedésmintákat.

Ebből a zsibbadt, tagadással teli térből egy újabb réteget képzünk a már létező valóságunkra. A ketrecen kívüli világ a benne élő felfogása alapján formálódik, és minél inkább eltorzul a belső világ, annál inkább követi ezt a külvilágról alkotott elképzelésünk. Újabb szűrő helyeződik a világra, még jobban eltorzítva azt. Tagadásba kerülünk és leválunk mindenről, ami ott van előttünk: az emberekkel, pénzzel való kapcsolatainkról, de a ketrec még a Földdel való kapcsolatunkat is kifordítja önmagából. Elkezdjük védeni az általunk létrehozott valóságot, hiszen a ketrecből ez egy érthető döntésnek tűnik, még ha nem is tudjuk azt logikusan megmagyarázni.

Az egyik rádióműsorom résztvevője ezt úgy írta le: „Nemrég költöztem egy olyan helyre, amit imádok, egy olyan emberrel, akit imádok, mégis minden reggel szomorúan és ijedten kelek fel, teljesen tehetetlenül."

Ilyen a ketrecben élni. Egy kegyetlen viccé válik, amiben hiába változtatunk bármit a külső valóságunkon, a referenciapontunk ugyanaz marad. Azt mondogatjuk magunknak: „Itt ez a nagyszerű dolog, amit imádok. Íme egy új lehetőség, amit nem kaphatok meg, mivel a rég elvesztett dolgok szorongásában élek."

AZ ANTI-TE

„Anti-te" névre kereszteltem a ketrec belsejéből létrejött valamit, ugyanis amikor így éled az életedet, egész egyszerűen nem vagy többé önmagad – a valódi önmagad. A saját valód egy verziója vagy, nem pedig a valódi éned. Például amikor túlsúlyos voltam (fizikailag, érzelmileg, mentálisan és szellemileg nehezebb), az is egy verzióm volt. Ahogy nekikezdtem ennek a munkának, amit most megosztok veled, és „megszabadultam" a nehezéktől (minden aspektusomat felszabadítva), közelebb kerültem az igazságomhoz – a valódi énemhez. Az is lehet, hogy nem úgy nézel ki, mint te, hiszen a ketrecnek is van egy maszkja. Akár még érzékelheted is, ahogy az arcod elé kerül, amikor fenyegetve érzed magad, netalántán állandóan hordod, mint egy páncélt, ami megvéd a külvilágtól.

Az „anti-te" oly sok rétegből áll, hogy sarokba szorítva érezheted magad. Minden, amit ebből a térből érzékelsz, korlátozásból és hiányból született. A teremtő képességed megélése helyett akármit is teszel, az visszájára sül el. Megpróbálhatsz kapcsolatokat kialakítani innen, de olyan érzés tud ez lenni, mintha a másik személy irányítópultjánál állnál, és az önmegsemmisítő gombot nyomnád. Mintha annak a szükségéből élnél, hogy elpusztítsd önmagad, és minden mást magad körül. Ez szimplán jobban esik. Mintha belül újrateremtenéd mindazt, ami valaha a külvilágodban zajlott.

Amikor bekapcsol az anti-te, az általam „bántalmazás terének" nevezett helyen találod magad. Ha érzékeny vagy, talán még érzékeled is ezt az agyad energetikai szerkezetében. Nálam ez a tobozmirigy és az agyalapi mirigy előtt helyezkedik el az agyamban – szó szerint éreztem, amikor bekapcsolt –, egyfajta sűrűség és nehézség odabent, ami visszhangot indított a vegetatív idegrendszeremben, ami felkészített a harcra, menekülésre vagy a lefagyásra.

Amikor a bántalmazás terében vagyunk, előttünk minden a régmúlt bántalmazás történetévé alakul át. Feje tetejére állítja a külvilág történéseit. Olyan dolgokat látunk, amikről meg vagyunk győződve, hogy igazak, még akkor is, ha a körülöttünk levők egyértelműen tagadják ezt. Ami igaznak tűnik, lehet hamis, és fordítva. Olyan emberekben kezdünk bízni, akikben nem kellene, és nem bízunk azokban, akikben lehetne. Beléphetnek olyan emberek az életünkbe, akik képviselik mindazt, amit generálni és manifesztálni szeretnénk, ám ellökjük őket magunktól, mivel a velük való kapcsolódás azt jelentené, hogy a ketrecen túl kellene élnünk, ami kényelmetlen számunkra.

Azt vesszük észre, hogy a külvilág folyamatosan és konzisztensen a bántalmazás egy elemére emlékeztet minket – a szeretőnk arckifejezése, az elhagyottság érzete, egy utalás, hogy valamit nem csináltunk elég jól –, és már vissza is tértünk a bántalmazás terébe. A valóságunk kifordul önmagából, és minden arról kezd szólni, hogy mennyire rossznak érezzük magunkat. Minden a mi hibánknak tűnik, így még messzebbre hátrálunk a rácsok mögött. Biztonságot keresve csak még több elszigetelődésre találunk.

A ketrec a rosszaságunk ítéletének a terévé válik. Magunkkal cipelünk egy rosszaságérzetet, ami az elkövetőinkhez tartozik, ám a sajátunkká tesszük, ezáltal pedig átadjuk a hatalmunkat az elkövetőnek, és megvonjuk magunktól az éberséget. Nem vesszük észre, mennyire másként viselkedünk, vagy hogy abból válaszolunk, amit másoktól tanultunk. Ezen a ponton ez már egy automatikus válasszá válik, amit kénytelenek vagyunk csinálni, mivel mások valóságát vesszük sajátunkként magunkra.

Az is feltűnhetett, hogy amikor a bántalmazás ketrecéből éled a mindennapjaidat, az az életed minden területére kihat. Amikor a bántalmazás szűrőjén keresztül szemléled a világot, többet vonzol be belőle, ami még több önbántalmazáshoz vezethet. Hallhattál már olyan mondatokat, mint például: „Te teremted a saját valóságodat". Azonban amikor ez folyamatosan állandósítja magát, és nem tudod, hogyan állítsd le, az csak hozzátesz az érzéshez, miszerint valami baj van veled. Én minden bizonnyal így éreztem magam gyerekként, amikor minden létező szögből áradt felém a bántalmazás. Ugyanez az érzés pedig felnőttkorba is követett, ahogy a bántalmazás különféle módokon állandósult, újra és újra.

Ott bujkál az az alattomos érzés, miszerint sosem leszel az az erő, amiről valójában tudod, hogy vagy. Minden, amit teszel, mialatt ebből az élettelenségből működsz, megakadályozza, hogy radikálisan eleven legyél, mert sosem szabadulhatsz ki igazán a ketrec markából, amit a saját rosszaságodként definiáltál. Ha le kellene írnom, mit is csinál *valójában* a ketrec, azt mondanám, hogy a „Rossz vagyok. Rossz vagyok, rossz vagyok, rossz vagyok, rossz vagyok" állandósult körforgásában tart. Amíg ebből a térből működsz, mindig minden áldozattá fog tenni téged.

ÍRÁSGYAKORLAT: A BÁNTALMAZÁS MÚLTJÁBÓL ÉLNI

Amikor nem kapcsolódunk a természetes jóságunkhoz, egy kifordított valóságot tapasztalunk.

Írd le az 5 legfontosabb konfliktusodat és kihívásodat. Hányról tudod megállapítani, hogy egy rosszaságérzetből származik?

AMIRE VÁRHATSZ — AZ ÉLŐHALOTTSÁGBÓL…

A legtöbben megtanultunk egyfajta kilátástalan állapotban élni, a radikális elevenség helyett. Hogyan élünk hát élőhalottként? Ennek egyik módja, hogy halogatunk mindent, amiről tudjuk, hogy ha megtennénk, az könnyebbséget hozna. Ennek az az oka, hogy a bántalmazás elhitette velünk, hogy van bennünk valami eredendően rossz. Arra programoztak, hogy higgy a rosszaságodban, és bármit is teszel, mindig úgy érzed, hogy el fogod szúrni.

...A RADIKÁLIS ELEVENSÉGIG

Amikor zavarodottan járkálunk, úgy érezhetjük, hogy nincs választásunk. Ahogy már számtalanszor említettem ebben a könyvben, az egyik legértékesebb dolog bennünk az a képességünk, hogy válasszunk.

Mi lenne, ha mindannyian azt választanánk, hogy kikapcsoljuk a robotpilótát, feltámadunk a hamvainkból, és abbahagyjuk, hogy a pusztító szokásaink zavarában élünk? Mi lenne, ha valóban kiszabadulnánk a bántalmazás ketrecéből azáltal, hogy elismerjük, hogy egy ketrecben élünk? Mi lenne, ha következetes lépéseket tennénk a ketrec rácsainak eloszlatása érdekében, és átsétálnánk a hídon a radikálisan eleven élés felé?

Amikor valami felébreszt, választhatsz, hogy valamit másképp csinálsz. Akárhányszor elfogadsz és megtestesítesz valamit, azzá válsz. A bántalmazás esetében választhatjuk, hogy egy másfajta valóságot testesítünk meg. Mindannyian a katalizátorai lehetünk a bolygón levő bántalmazás eltörlésének és felszámolásának.

Nemcsak a szexuális bántalmazásról beszélek, hanem az összesről: fizikai, mentális, érzelmi, pénzügyi, és önbántalmazás. Nincs olyan kritérium, ami szerint az egyik bántalmazás rosszabb a másiknál. Mindegyiknek ugyanaz az eredménye – megfoszt az elevenségedtől. Amennyiben pedig továbbra is fenntartjuk ezt a valóságot, és az elkövetőinket hibáztatjuk mindenért, amit csinálni szeretnénk, de nem választjuk, azzal valójában életben tartjuk a bántalmazást.

Mi van, ha a legnagyobb hazugság és betegség ezen a bolygón valójában az ítélkezésed önmagad felett, az önbántalmazásod, valamint önmagad elpusztítása és a valódi lényed rejtegetése?

MÁSODIK FEJEZET: A 4 D

Ha kockaként képzelsz el egy ketrecet, ez a négy fala, ami a rácsokat teszi ki. Ezek a falak tartanak a bántalmazásba dobozolva. Amikor be vagy dobozolva, nem igazán tudsz semmi mást generálni, mint ami a doboz terében megtalálható. Így történik az, hogy elkezded befelé forgatni a bántalmazást, és a saját elkövetőddé és áldozatoddá válsz egyidőben.

TAGADÁS, VÉDEKEZÉS, LEVÁLÁS ÉS ELKÜLÖNÜLÉS

(DENIAL, DEFENDING, DISCONNECTING, DISSOCIATING)

A 4 D mindegyike — tagadás, védekezés, leválás, elkülönülés — a ketrec egy egyedi „falát" reprezentálja.

Ezek általunk generált megküzdési mechanizmusok, amiket arra használtunk, hogy megbirkózzunk az életünkben levő bántalmazással. A 4 D megértése olyan, mint megbékélni a láthatatlan ketrec szerkezetével, amiben eddig éltél. Ennek a könyvnek a célja, hogy lebontsa ezt a szerkezetet. Ez azzal az éberséggel kezdődik, hogy a 4 D eddig fogva tartott a jelenlegi valóságmodelledben.

#1. TAGADÁS (DENYING)

A tagadás az első a 4 D-ből. Számos szinten megjelenik. Nem kifejezetten annak a tagadásáról van szó, hogy megtörtént az esemény. Természetesen ez is benne lehet, azonban ilyenkor általában a nemtudatos elme részekre bontja a történteket, hogy meg tudj vele birkózni. Az a fajta tagadás, amire én utalok, az az, amikor a fejedben élsz, a testedről leválva. Én ezt a tested a lényedtől való elválásának hívom.

Amikor elválasztod a tested a lényedtől, előfordulhat, hogy úgy érzed, sokszor élsz a testeden kívül. Ettől tűnhetnek távolinak vagy zárkózottnak a bántalmazottak. Ez egy megküzdési stratégia, amit a bántalmazás során tanulhattál meg, amikor a túlélés érdekében letagadtad a történteket. Miután véget ér a bántalmazás cselekménye, a tagadás számos szinten folytatódik. Úgy tudsz kikerülni a tagadásból, ha visszajössz a testedbe. Először azonban szeretném feltérképezni a tagadás megnyilvánulásának számos módját.

Fantázia

A fantázia a tagadás létrehozásának egy módja, ha bántalmaztak bennünket. Fantáziavilágokat teremtünk a jelenlegi valóságunk alternatívájaként. Válaszul a saját, erőszakos neveltetésemre egy élénk, élettel teli fantáziavilágot alkottam, ahol minden gyönyörű volt. Egy utópisztikus ideál volt, és valamilyen szinten elhittem, hogy bármit megtehetek. Biztos voltam benne, hogy rendelkezem egyfajta szupererővel. Ez az, ahol a nagyzási hóbort, ami gyakran a 4 D komoly, befolyásoló tényezőinek velejárója – mint például az elkülönülés – kezdetét veszi. Gyerekkorban a fantázia azt jelenti, hogy letagadhatjuk azt, ami valós, és visszahúzódhatunk a képzeletbeli világainkba.

A felépülésem alatt rá kellett néznem, hogyan csavartam ki a fantáziámat, és mostam össze a valósággal. Például bálványoztam apámat, és piedesztálra emeltem. Ő volt a hősöm – egy zseni az üzletben és a pénzkeresésben, és még szórakoztató is. Ez ellentétben állt anyámmal, akit ki nem állhattam, mivel akárhányszor hazaért apám, állandóan veszekedni kezdtek, amíg anyám ki nem zavarta. Amiről én akkoriban nem tudtam, az a hűtlensége, droghasználata, valamint alkoholizmusa volt. Szép lassan rájöttem, hogy minden fantázia, ami nem része ennek a valóságnak. Ha ebben a fantáziában élsz, az tagadásba taszít, és még jobban eltorzítja a valóságot körülötted.

Egy példa arra, ahogyan az emberek fantáziavilágba menekülnek, amikor elhiszik, hogy az életük tökéletes lesz, ha megnyerik a lottót. Még az is lehet, hogy bele-merülnek egy jövőbeni fantáziába arról, mi mindent fognak csinálni, miután nyertek a lottón. Habár ez olyasmi, ami olyanokkal is megtörténik, akiket nem bántalmaztak, ez a hajlam, hogy egy jövőbeni fantá-ziába meneküljünk és ne a jelen pillanatban éljünk, felerősödhet a ketrecen belül, és a tagadás egy nagy részét kiteszi.

Minden, amit fantáziaként hozunk létre, és nem manifesztálunk a valóságban, végül a saját korlá-tunkká válik. A fantáziavilágunkban megteremtjük a vágyott karriert, párkapcsolatot, a vezetni kívánt autót, a helyet, ahol élni akarunk. Minden csodálatos ott. A valóságunk pedig szöges ellentétben áll ezzel. Megta-gadjuk magunktól, amit valójában akarunk – akár azáltal, hogy sosem teszünk érte, vagy tervezzük meg a kivitelezését –, ám azzal sem vagyunk jelen, amink megvan jelenleg. Nem tudjuk sem elfogadni, sem értékelni. Így hát a tagadás számos szinten nyilvánul meg.

A tagadás két szintje

A trauma, avagy bántalmazás súlyosságától függően a tagadás két szinten jelenhet meg.

Ki-be kapcsolgat a tagadás. Ha nálad is ez áll fenn, úgy érezheted, hogy olykor a valóságban, máskor pedig egy fantáziavilágban élsz. Ha valami kiváltja nálad, már mész is vissza a tagadás ketrecébe. Ez megmutatkozhat kulcsfontosságú életterületeken, mint például a pénz, a kapcsolatok vagy az egészség.

Ha az első csoportba tartozol, valószínűleg sokat dolgoztál már a bántalmazásproblémáidon. Elképzelhető, hogy azt is felfogtad, hogy a gombjaid nyomogatásától bedobozolva érezheted magad. A ketrec érzetét még el is tudod viselni, már nem hatalmasodik el rajtad úgy, mint régen, és még erőd is van. Tudod, hogy a változás lehetséges, és mindent meg is teszel ennek érdekében, amit csak tudsz. A ketrec bizonyos maradványai azonban továbbra is fennállnak.

Állandó tagadásban élsz. Az ebbe a csoportba tartozók gyakran egy áthatolhatatlan erődöt húznak fel maguk köré. A ketrec az egyetlen, amit ismernek. Nem érzik vagy érzékelik a világot azon túl. A ketrec falai erősen definiáltak, és sosem dőlnek le.

Ennek a csoportnak a valósága az erődből formálódik és facsarodik ki. Ez az eshetőség állt fenn valakinél, aki épp egy kurzusom előtt írta meg Facebookon, hogy öngyilkos akar lenni. Az ő ketrecének a falai elképesztően sűrűek voltak. Egyértelmű volt számomra, hogy bedobozolódott, ezt pedig egy olyan érzés kíséri, hogy minden véges. Gyakran áll fenn az a következtetés is, hogy csak egyetlenegy választás létezik.

A tagadás átruházása

Dolgoztam egyszer egy hölggyel, akit megerőszakoltak. Állítása szerint nem a „szexuális visszaélés" zaklatta fel, hanem az, hogy az erőszak során tönkrement a kabátja, és nem tudott újat szerezni. Feltűnhet, hogy a megerőszakolására szexuális visszaélésként tekint, ami a tagadás egy újabb rétege.

Rögtön tisztában voltam vele, hogy tagadásban volt. Könnyű lenne megítélni amiatt, hogy szerinte ez a kabátról szólt, azonban arra jöttem rá, hogy neki ez valóban a kabátról szólt. A dühét átruházta a kabátra *és* a tényre, hogy nem volt pénze újra. Ilyen formát öltött a tagadása – az elméje arra fókuszált, hogy mi történt a kabáttal, nem pedig vele.

Kulcsfontosságú a tagadás megértéséhez, hogy elismerd, hol tartasz. A klienseim és a workshopjaim résztvevői gyakran ébrednek rá a tényre, hogy tagadásban éltek, ami eleinte igencsak sokkoló tud lenni. Ha belátod, hol tartasz jelenleg, azzal kezdetét veheti mindannak a tagadásnak a lerombolása, amit valaha tapasztaltál.

ÍRÁSGYAKORLAT: A TAGADÁS TERÜLETEINEK FELTÉRKÉPEZÉSE

A fantáziánk állhat olyan történetekből, amiket azért alkottunk egy helyzetről, hogy bebizonyítsuk a gondolataink és nézeteink igazságát (miközben valójában ez egy hazugság), hogy továbbra is tagadásban maradhassunk.

Gondolj vissza egy olyan esetre, ahol a fantáziádba menekültél a jelen pillanat megélése helyett. Milyen fantáziavilágokat alkotsz a fejedben? Mikor kezdted el létrehozni őket? Milyen célt szolgálnak?

A tagadásnak milyen szintjén működsz? Éjjel-nappal tagadásban élsz vagy ki-be kapcsol?

Átruháztad a bántalmazás tettét valami másra, avagy nem nevezed azt nevén? Milyen támogatásra van szükséged ahhoz, hogy meg tudd nevezni a tapasztalatodat?

#2. VÉDEKEZÉS (DEFENDING)

A védekezés a második a 4 D közül, talán a legegyértelműbben felismerhető mind közül, hiszen ez gyakran valaminek vagy valakinek az azonnali visszaveréseként jelenik meg a külső világunkban.

A védekezés a belső zűrzavarunk kifejeződése, ami megjelenhet alkalmi védekezésben való kitörésekben, ám sok embernél ez egy állandó, túlzottan óvatos testtartássá válik. Olyanok, mint egy ketrecbe zárt állat, akit folyamatosan bökdösnek egy bottal. A védekezés csupán a félelme kifejeződése, amivel túlnyomórészt azt sugallja, hogy: „Ne gyere közelebb, vagy megöllek."

A láthatatlan tarajos sül

Előfordul, hogy szúróssá válsz, amikor valaki közelít feléd? A védekezés egyik főbb ismertetőjele az a jelenség, amit én úgy hívok, hogy a „láthatatlan tarajos sül".

Egyszer régen a világ nem volt biztonságos a számodra, így hát létrehoztad ezeket a „tüskéket", hogy megpróbáld megvédeni magadat. Amikor fiatalabb voltál, valószínűleg bíztál benne, hogy a tüskék távol tartják a bántalmazódat, most azonban biztos távolságban tartják tőled a szerelmet, a pénzt, és minden mást is. Habár azért hoztad létre őket, hogy megvédjenek, végeredményben mégis kifacsarják és megbízhatatlanná teszik azt, ami előtted van.

A láthatatlan tarajos sül jelenség azt jelenti, hogy külsőleg és belsőleg egyaránt résen vagy és hiperéber, ami könnyen okozhat egyfajta kimerültséget, vagy akár mellékvese-rendellenességet és autoimmun betegséget is. Mindez természetesen a karrierben és a kapcsolatokban felmerülő konfliktusok mellett.

Még ha ki is vetíted a láthatatlan tarajos sült, és gyakran védekezésképp jelenik meg, rajtakaphatod magad, hogy internalizálod is. A tüskék befelé is fordulhatnak, hogy áthatoljanak a jóságodon, a kedvességeden, a nagylelkűségeden és a háládon. Ez további cinikus külső megnyilvánulásokhoz vezet, ahogy depresszióhoz, szorongáshoz, pszichológiai problémákhoz, egészségügyi gondokhoz és pénzügyi nehézségekhez is.

Kezdetben ugyan, amikor még fiatalabb voltál, jól működött a tarajos sül védelme, később azonban az életedbe bevésődött egyfajta programozott vagy kondicionált válaszrendszerként, ami arra szolgál, hogy megakadályozzon abban, hogy megvalósítsd az álmaidat. A tüskék nem engedik, hogy befogadd azt az életet, amire vágysz, hiszen túlságosan veszélyesnek tűnik. Ennek a védelemnek a használata kétélű kardként működik, ami kívülről és belülről is felnyársal.

A befogadás nekem mindig az ítélkezés befogadását jelentette, ahogy azt is, hogy azt teszem, amit anyám mond, hogy ne verjen meg. A befogadás azt jelentette, hogy elkeseredetten vágyva a táplálásra élek és létezek az ő valóságában. Be akartam fogadni tőle, ám akárhányszor megtettem, nem azt kaptam, amire vágytam, ettől pedig a tarajos sül tüskéi megerősödtek, kifelé és befelé is. Ennek eredményeképpen pedig még inkább védekezővé váltam.

A védelem megolvasztása

A védekezést meg lehet olvasztani, például jó humorral. Ennek azonban helyénvalónak kell lennie, mivel további visszahúzódást eredményezhet, ha úgy érzed, hogy valaki helytelenül kineveti a védekezésedet. Amikor emberekkel dolgozom, gyakran török át a védekezésen humorral. Ez lehetővé teszi a szüntelenül a háttérben zakatoló hiperéberségnek, hogy tartson egy kávészünetet. Szükség van továbbá rengeteg megengedésre és térre, hogy megpuhítsuk az idegrendszert.

Gondolj csak a YouTube-on látható videókra, amikben a kutyát elhanyagolták és magára hagyták. Eleinte morgással és ugatással védekezhet, ám később, amikor kedvességgel közelítenek hozzá, elkezd leépülni a védelme. Ez a fajta megközelítés szükséges a belső tarajos sülöddel és a védekezéseddel. Ahhoz, hogy a tüskék felszívódjanak, nem árt továbbá, ha van melletted egy másik ember, aki gyakorlottan facilitálni tud téged.

ÍRÁSGYAKORLAT: A BELSŐ TARAJOS SÜLÖD

Milyen gyakran veszed észre, hogy védekezően válaszolsz, és milyen intenzitással?

Van, amikor felkészíted magad az elutasításra, hogy megvédd magad a „sérüléstől"?

Milyen szituációk, emberek vagy megjegyzések élesztik fel benned a tarajos sült?

Mit meséltél be magadnak a befogadással kapcsolatban, ami felfegyverkezett állapotban, tüskésen, védekezésre készen tart?

#3 LEVÁLÁS (DISCONNECTING)

A leválás az elmédnek a testedtől, és a testednek az elmédtől való elkülönítésének folyamatos állapota. Ez egy átható állapot, amelyben elválsz az önmagaddal való kapcsolatodtól.

Amikor le vagy válva, gyakran kapod rajta magad azon, hogy evéssel próbálsz kitölteni egy érzelmi szükségletet ahelyett, hogy azért ennél, mert éhes vagy. Az életedben minden azt segíti elő, hogy messziről elkerülhesd, miről is szól valójában az igazi probléma. Ez állandó kicsekkolással jár, és még rengeteg figyelemelterelést is kifejlesztesz, ami lehetővé teszi, hogy még többet és többet csekkolj ki.

A bántalmazás során megtanultál leválni. A tested így osztotta részekre az eseményt, hogy ne kelljen jelen lenned, amíg megélted. Az a helyzet, hogy az esemény után továbbra is folytatod ezt, hiszen ha kapcsolódsz a testedhez, az azzal járhat, hogy a test emlékszik rá, mit éreztél vagy tapasztaltál. A stratégia, ami biztonságban tartott, könnyen azzá válhat, ami távol tart attól, hogy megtapasztald a tápláló, és akár még örömteli lehetőségeket is a testeddel.

Amikor leválsz, érezheted úgy, mintha a testeden kívül lennél. Sok ember mondja, aki bántalmazásélmények által válik le, hogy nem érzi a lábát a talajon, vagy hogy úgy érzi, mintha valójában a testén kívül élne. Ettől könnyen érezheted úgy, mintha megosztva élnél. Jelen vagy, de ezzel egyidőben mégsem vagy itt. Elképzelhető, hogy képes vagy működni a világban, ám mások úgy érezhetik, hogy van benned valami furcsa. Ha pedig találkoztál olyannal, aki levált állapotban volt, a beszélgetés során gyakran homályosnak vagy távolinak tűnhetett.

Ha levált állapotban élsz, valószínűleg stratégiák kész tárházával rendelkezel, ami ezt lehetővé teszi. Ne feledd, csak a tested próbál biztonságban tartani attól, hogy érezd mindazt, amit a bántalmazás során éreztél. Legyen ez akár evésbe, alkoholba, vásárlásba, drogokba vagy gyógyszerekbe menekülés, azon kaphatod magadat, hogy leválást segítő módokat keresgélsz, kiváltképp, ha kényelmetlenné válik a testedhez kapcsolódni.

Még valami, ami akkor fordulhat elő, ha leváltan élsz, hogy állandóan keresztbe teszel magadnak. Amikor magadtól távol, vagy magadon kívül élsz, elveszted a kapcsolatot a hiteles éneddel, valamint a veleszületett kapcsolatodat azzal, ami igaz a számodra. Nemet mondasz arra, amire igent szeretnél, és fordítva. Nevetsz a szomorú dolgokon és sírsz a boldog helyzetekben. Mintha minden felcserélődött volna. Mélyebb értelemben véve azonban kifejlesztesz egy kifacsart humorérzéket a bántalmazás körül. Észrevettem, hogy néhányan viccelődni kezdenek, amikor arról beszélnek, hogy meg lettek erőszakolva. Ha te is ezt csinálod, tudd, hogy ez egy védekező mechanizmus, ami lehetővé teszi, hogy leválva maradj.

Válás önmagadtól

Az egyik rádióműsorom címe ez volt: *Az önmagadtól való elválás őrületének megállításának választása.*

A műsorban kiemeltük, hogy végül hogyan vesszük be, amit a visszaélésekről mondanak nekünk. Arra programoztak minket, hogy elhiggyük, hogy a bántalmazás áldozatai vagyunk. A kihívás az, hogy amikor az áldozati mentalitásból indulunk ki, akkor a bántalmazás energiáját a helyére zárjuk. Az egyik hozzászólás a műsor alatt kifejtette:

> *Az a helyzet a bántalmazással, hogy ha abúzus ért, hajlamos vagy bezárni azt a testedbe, hiszen a tested tapasztalta meg a bántalmazást. Megtanuljuk nagyon valóságossá, fontossá és jelentőségtelivé tenni, azt gondolván, hogy ettől jobb lesz. Azonban ez nem történik meg.*

Jelentőségtelivé és relevánssá tesszük a bántalmazást, és minden figyelmünket ráfordítjuk. Mivel nem tudjuk, mi mást lehetne tenni, ez belénk záródik, és minden egyes nap újraéljük. Ennek eredményeképpen megrekedünk a teremtés helyett. Megengedjük, hogy definiáljon minket, holott valójában ez egy lehetőség arra, hogy egy más választást hozzunk, ami megerősít bennünket, és összekapcsol minket a zsenialitásunkkal a múlt történése(i)n túl, és segít elismernünk, amit tanultunk.

Azt is kiemeltük a műsorban, hogy arra vagyunk programozva, hogy elhiggyük, hogy a tapasztalataink a legértékesebb részünk. Azonban a legértékesebb bennünk a választás képessége. A bántalmazás gyógyításának egyik stratégiája az, hogy többé nem általa határozod meg magad, ennek érdekében pedig abba kell hagynod, hogy elválasztod magad önmagadtól, és leválsz magadról.

Hogyan törd meg a leválást

Ahhoz, hogy megtörd a leválás mintázatát, először is meg kell keresned és elismerned azokat a stratégiákat, amiket arra használtál, hogy leválj. Bármi, ami visszavisz a testbe, azt az érzést fogja kelteni, hogy jobban kapcsolódsz. Előbb azonban meg kell békélned a gondolattal, hogy a testedben legyél, elvégre a leválás stratégiája okkal van ott. Rá kell hát néznünk a háttérben megbúvó hitrendszerekre, amikhez ragaszkodsz a bántalmazással kapcsolatban, és ami miatt elváltál magadtól. Ha a javaslatomra leállsz a zabálással és más figyelemeltereléssel, de még nem néztél szembe a mögöttes indokkal, amiért ezt csinálod, nagy valószínűséggel képtelen leszel csak úgy visszatérni a testedbe.

Ez a könyv arra lett kitalálva, hogy egy teljesen új beszélgetést kezdeményezzen a bántalmazás magunk mögött hagyásáról. Az egyik célom az, hogy átsegítselek az áldozati mentalitáson és a fix nézőponton, miszerint a bántalmazáson keresztül kell definiálnod magad. Ez a nézőpontváltás kikövezheti az utat ahhoz, hogy újra összekapcsolódj magaddal.

GYAKORLAT: A LEVÁLÁSI MÓDJAID BEAZONOSÍTÁSA

Hogyan jelenik meg a testedben a leválás? Úgy érzed, mintha elhagynád a tested, amikor leválsz, avagy egy bizonyos részébe húzódsz vissza? Hova mész? Állandónak tűnik a leválás, vagy ki-be járkálsz belőle?

Az identitásod mekkora része formálódott aköré, hogy a bántalmazás áldozata vagy? Milyen kondicionált válaszreakciókhoz ragaszkodsz a testedben, amitől úgy érzed, mintha bele lennél zárva a jelenlegi valóságmodelledbe?

#4 ELKÜLÖNÜLÉS (DISSOCIATING)

Az elkülönülés a legáthatóbb a 4 D közül. Ilyenkor a bántalmazás annyira beragadt a testbe, hogy már ebből a térből működünk. Beragadtunk a bántalmazás ketrecébe, és onnan is éljük az életünket. Ez egy extrém és folyamatos, hiperéber állapottal jár, amin keresztül nézzük a valóságunkat. Egy részed állandóan a „plafonon" van, vagy egy másik világban. Ez gyakran nyilvánul meg olyan állapotokban, mint például a poszttraumás stressz zavar (PTSD).

Az elkülönülés egy folyamatos, lefagyott és bénult állapot. A stresszhormonok magas szintjének köszönhetően, amelyek a testben keringenek, amikor ebben az állapotban élünk, megvan az esélye annak, hogy ez krónikus fizikai betegségekhez vezessen az idő múlásával, ha túl sokáig maradunk ebben az állapotban. Továbbá még intenzívebb pszichológiai betegséghez és szeparációs szorongáshoz is vezethet. Extrém esetekben pedig többszörös személyiségzavart is okozhat, ami már kívül esik ennek a könyvnek a témakörén.

Összefoglalva: a 4 D teszi ki a láthatatlan ketrec falait, ami beragaszt minket a múltunk bántalmazásába, és megakadályozza, hogy úgy éljünk ebben a valóságban, ahogyan szeretnénk. A tagadás, védekezés, leválás és elkülönülés azok a „falak", amelyek bedobozolva tartanak, ameddig pedig a ketrecedben tartózkodsz, nem tudsz semmi olyat teremteni vagy generálni, ami különbözik ennek a doboznak a tartalmától. Így fordul a bántalmazás befelé, és válsz egyaránt a saját elkövetőddé és áldozatoddá.

A fantázia, amit létrehozol, gyakran jobbnak tűnik, mint a tényleges életed, amíg bántalmazással küszködsz. Biztonságosnak tűnik a ketrecbe zárva lenni. Kitartó tudatosság kell hozzá, hogy ránézz a fantáziavilágra, amit teremtettél, és rávedd magad, hogy túlteremtsd. Most pedig nézzük meg, milyen érzelmek kísérik a ketrecben élést.

HARMADIK FEJEZET: A BÁNTALMAZÁS ÉRZELMEI

Ebben a fejezetben feltérképezzük a bántalmazás ismerős érzelmeit. Felismerheted magad néhányban, vagy akár az összesben. Eddig a pillanatig nem biztos, hogy megfogalmaztad őket. Részei az árnyéknak, ami a háttérben húzódik, sokszor névtelenül vagy hangtalanul, azonban ha egyszer megnevezzük őket, elkezdik elveszíteni az erejüket. Többé nem lesznek ugyanolyan hatással ránk.

Érzelmileg éberebbé válni része a Radikális elevenség felé haladás folyamatának. Amint elkezded megnevezni és beazonosítani az érzelmeket, amiket megtapasztaltál, elkezdhetsz túllépni rajtuk, átlépve hatékonyabb érzelmi állapotokba, amik rezonálnak az erőteljesen potens és radikálisan eleven léttel.

Érzelmek és harmonikusok

Minden érzelemnek más rezgése van. Az alacsonyabb érzelmek alacsonyabb rezgésen működnek, a magasabb szintű érzelmekre pedig az ellenkezője igaz. Ezt emberi lényként eredendően felfogjuk, éppen ezért mondjuk azt, hogy magunk „alatt" vagyunk, amikor az alacsonyabb rezgésállapotokban vagyunk, és hogy „kiemelkedően" vagyunk, amikor a magasabbakban.

Ebben a valóságban megvan a választásunk, hogy magasabb vagy alacsonyabb harmonikus állapotból működünk. Amikor magasabb harmonikus állapotban vagyunk, a tudatosságon keresztül tapasztaljuk meg az életet a nyomógombjaink, mintázataink és programozásunk helyett. Elképzelhető, hogy megéltél pillanatokat vagy időszakokat, amikor ebből a térből működtél, amiben az élet szabadabban áramlik, és harmonikusabb. A magasabb harmonikusoknak hála nagyobb egységgel és jelenléttel tapasztalod meg az életet. Az alacsonyabb érzelmektől elkülönülve és elhatárolva érezzük magunkat, míg a magasabbak eszünkbe juttatják, hogy nem létezik elkülönülés köztünk és az univerzum között. Rengeteg keleti szellemi tanítás emlékeztet minket erre, és hangsúlyozza az élet magasabb harmonikusaiból való élést.

Az érzések és érzelmek ezen valóság alacsonyabb harmonikus állapotának a részei. Nem tanítják meg nekünk, hogy választhatóak, így beléjük ragadunk. Valójában arra vagyunk programozva, hogy elhiggyük, hogy a saját érzelmeink áldozatai vagyunk, és csak úszunk az árral, azt érezve, hogy nem tudjuk irányítani.

Ahogy korábban kiemeltük, bizonyos uralkodó érzelmek hátramaradnak a bántalmazás után. Gyakran beleragadunk ezekbe és az általuk képviselt alacsonyabb harmonikus frekvenciákba. Összekapcsolódnak az „anti-te" részeddel, amiről az Első fejezetben beszéltünk. Amikor beleragadunk ezekbe az érzelmi állapotokba, belesüppedünk egy olyan energiába, térbe és tudatosságba, ami épp a fordítottja a valódi énünknek. Ezek az érzelmek tartanak a 4 D-ben, kiváltképp a tagadásban és a védekezésben. Az érzelmi állapotunk alacsonyabb harmonikusaiból kiindulva szokássá válnak a kitöréseink, az ördögi kör pedig egyre csak mélyül. Beköltözünk ezekbe az állapotokba, azt gondolva, hogy ez a fix valóságunk. Megszokottá válnak, hiszen minél inkább rezonálunk egy bizonyos frekvenciával, annál erőscbb és ismerősebb lesz számunkra. Ez az egyik oka annak, hogy miért maradunk néha a komfortzónánkban, ami valójában a „diszkomfort" zónánk. Bár fájdalmas, ám a rezonanciája ismerős, így megtanultuk elfogadni, és ebben leélni az életünket.

Ezek az érzelmek azt is jelentik, hogy ellenállunk az életnek és elutasítjuk azt – valójában ezek fűtik az ellenállást, ami hatással van a fizikai egészségünkre, kapcsolatainkra és pénzügyeinkre. Amennyire kihívást jelent szembenézni velük, annyira részét képezi ez az igazi lényeged és valód visszanyerésének folyamatának, és ez indít el a radikálisan eleven élés útján azáltal, hogy erőt ad a választáshoz. Amikor nem az érzelmeid uralnak, a radikális elevenség válik a természetes, magasabb rezgéseddé.

SZÉGYEN

A szégyen egy újabb korlátja a szerencsének, mivel úgy érezzük tőle, hogy nem érdemeljük meg a jó szerencsét – szeretetet, boldogságot és sikert. A szégyen azért is korlátozza a szerencsét, mert eléri, hogy továbbra is a múltban éljünk, a szégyen mezején visszhangot verve, miközben szemernyit sem vagyunk jelen az itt és mostban, ahol a szerencse történik.

— GAY HENDRICKS ÉS CAROL KLINE,
TUDATOS SZERENCSE

A bántalmazás esetében a bűntudat és a szégyen nem ugyanaz. A bűntudat ez: „Hibáztam és bocsánatot kérek." Túllépsz rajta. A szégyen pedig ez: „*Én* vagyok a hiba." Így hát sokszor, amikor valaki megpróbál túljutni a bántalmazáson, valójában annak a hitnek a szégyenén kell túltennie magát, hogy hibás vagy téved. A szituáció, a környezet, a személy, aki elkövette, volt a hibás bizonyos értelemben. Valami a programozásában azt eredményezte, hogy úgy viselkedett. Te pedig az identitásod részévé tetted az ő történetét.

A szégyen a bántalmazás legismerősebb érzelme, amit az abúzus titkainak rejtegetése generál. Lehetséges, hogy megmondták neked, hogy rejtegesd a bántalmazást mások elől, netalántán megfenyegettek bizonyos következményekkel, ha kikotyognád az igazságot. Azonban úgy is megtörténhetett a bántalmazás, hogy nem volt megbeszélve vagy kimondva, csak megtörtént és normalizálódott az életkörülményeidben, ám egy részed mélyen legbelül nem tudta, hogyan fejezhetné ki azt, ami veled történt. Esetleg még meg is próbáltál hangot adni neki vagy kifejezni, ami történt, amit ítélkezés fogadott vagy a vád, hogy hazudsz. Kevésbé gyakori az olyan szituáció, ahol a bántalmazás ki lett fejezve és együttérzéssel foglalkoztak vele, hiszen sok családi helyzetben változtatni kellene valamin, ha bevallanánk és felelősséget vállalnánk a bántalmazásért. Tönkremennek házasságok, a szeretteink a bíróságon kötnek ki, így gyakran „egyszerűbb", ha az emberek elvágják az éberségüket és letagadják, hogy bármi történt, mint ha szembenéznének az igazsággal és a következményekkel.

Így hát a bántalmazás szégyene befelé fordul. Úgy érzed, sérült vagy hibás vagy. A saját helytelenséged válik az alapbeállításoddá. Eggyé válsz a titokkal, ami miatt többé nem tudsz önmagaddá válni.

Az a kegyetlen vicc a szégyenben, hogy a kilencven százalékát annak, amit rejtegetsz, valójában önmagad elől dugdosod, mert erre programoztak. Mindezt pedig a tagadás egy kifacsart formájában önmagad ellen fordítottad, hogy el tudd viselni a titkolózást. Ez azt jelenti, hogy többé képtelen vagy egységben létezni magaddal.

A szégyen nehézségként és sűrűségként jelenik meg benned. Földre szegezett szemmel és lehajtott fejjel járkálsz. Mintha csak egy nagy homlokráncolás lenne az életed, ami állandó morfondírozással és archúzgálással jár, amikor valaki a gombjaidat nyomogatja.

A szégyen azt is kiforgatja, aki legbelül vagy. Nem lehet részed valódi intimitásban (önmagamba-látás), amikor egy szégyenfelhőben mászkálsz fel-alá. Minden egyes interakcióval újra meg újra rájössz, hogy nem vagy az igazi éned, ami még több szégyent generál, és ami miatt még inkább elbújsz. A kör folytatódik, folyamatosan szorosabbra húzva körülötted a bántalmazás ketrecét.

Íme a kozmikus vicc a szégyenben: az egész életedet a testedbe zárva töltöd, megnyitva magadat mindenféle rendellenességre (fizikai, mentális, érzelmi és szellemi), csak azért, hogy elrejtsd, nehogy bárki megtudja, hogy megtapasztaltad. Mégis az emberek nagy része ezen a bolygón szintúgy rejteget valamit!

Hogyan gyengítheted hát meg a szégyen varratait? Az egyik legjobb módja az, hogy valódi párbeszédbe elegyedsz róla – hogy kikerülj a bántalmazást körülvevő titkolózásból.

A történeted és a szégyen – Mit jelent neked, és mit árul el rólad?

Néha, amikor emberekkel dolgozom, hogy változást facilitáljak, egy kicsit vissza kell lépnem és végigkísérnem őket a történteken ahhoz, hogy túlléphessenek a bántalmazáson. Ez magába foglalja azt, hogy birtokba vegyék, igényt tartsanak rá és elismerjék, hogy mit hisznek, mit jelent nekik a történetük, hogy mit mond róluk, valamint hogy hogyan élik azt a mai napig. Sok kliensemben a tény, hogy szexuálisan, fizikailag vagy érzelmileg bántalmazták őket, egy olyan érzést hoz fel, hogy hibás árucikkek.

Ha megérted, hogyan értelmezed a saját történeted és szégyened – a jelentését és azt, mit árul ez el rólad –, az segíthet egy új választás meghatározásában és egy új történet létrehozásában. Ez segít abban, hogy észrevedd, hogy a jelentés, amit hozzátársítottál, korlátozza a jövőt, amiben részesülhetnél – nevezetesen az örömöt, boldogságot és szabadságot. Valahányszor végigkísérek valakit a történetéhez való kötődésén, szinte mindig az derül ki, hogy a ragacs, ami egyben tartja az egészet, nem más, mint a szégyen, és az azzal való azonosulás, ami miatt aztán elhiszi, hogy az a valódi énje.

Nem vagy egyenlő a szégyeneddel. Ez csak olyasvalami, aminek az érzetéhez már hozzászoktál.

Ez a könyv nem az ítélkezésről szól, hanem az egységről. Arra használjuk ezt a beszélgetést, hogy célzottan felszámoljuk a bántalmazást. Ebbe beletartozik annak a felismerése, hogy a bántalmazóink is a saját programjaikból működtek, valamint egy energetikai szintű segítségnyújtás is, hogy ők is túlléphessenek a bántalmazáson.

„...ha azok közé tartozol, akiknek problémájuk van a szüleikkel, ha valamilyen tettük, illetve elmulasztott tettük miatt még mindig neheztelsz rájuk, akkor jelenleg is azt hiszed, hogy volt választásuk, hogy másképp is viselkedhettek volna. Mindig úgy néz ki, mintha az embereknek lenne választásuk, de ez tévhit! Amíg a kondicionált sémákkal megtömött elméd irányítja az életedet, amíg azonos vagy az elméddel, ugyan mondd, milyen választási lehetőséged van?"

Amíg ragaszkodunk a szégyenhez, ragaszkodunk a bántalmazáshoz is. Amíg nem fedjük fel a történetünket, a testünkben őrizzük a bántalmazást. Amikor azonosulunk a szégyennel, bezárjuk azt a testünkbe, ezzel pedig megnyitjuk magunkat a betegségekre, és a korlátozott lehetőségekkel teli életre. A ketrecünkbe zárva maradunk, amitől a bántalmazott szituáció válik az isteneddé ahelyett, hogy te lennél a saját istened. Természetesen itt nem vallásos értelemben utalok „Istenre", csak rámutatok a rendelkezésedre álló erőre, amivel a saját valóságodat teremtheted.

ENERGIAGYAKORLAT: ENGEDD EL A SZÉGYENT ÉS AZ ÍTÉLKEZÉST

Ez a gyakorlat eloszlatja a szégyen körüli energiákat, ahogy minden olyan elképzelést is, hogy selejtes vagy, vagy egy hibás árucikk. Akármilyen formában érezted, akármikor is, és bárkivel érzed ezt továbbra is, eloszlathatod a szégyent – beleértve minden rejtett, ki nem mondott, el nem ismert vagy fel nem fedett titkot vagy hátsó szándékot – a földbe.

Az ujjaid használatával képzeld el, hogy összegyűjtöd a szégyen energiáját a lábfejedtől kezdve a fejed búbjáig elöl és hátul is. Dobd bele a földbe magad előtt, és mondd ki hangosan: „NEM, NINCS TÖBB BÁNTALMAZÁS. EZ AZ ÉN TESTEM ÉS AZ ÉN VÁLASZTÁSOM! JOGOM VAN HOZZÁ!" Ismételd el legalább háromszor, miközben elképzeled, ahogy az energia beleereszkedik a földbe, és szétoszlik benne. Ugyanezt megcsinálhatod a haraggal, szomorúsággal és más érzelmekkel.

Ezt követően pedig figyeld meg, van-e javulás vagy pozitív változás az energiádban.

SZOMORÚSÁG

A szomorúság nem más, mint befelé fordult harag. Nem volt lehetőséged kifejezni, így hát ellened fordult.

Amikor elidőzöl a szomorúságban, valójában az áldozattudatban tartózkodsz. Ez az a futóhomok, ami egyhelyben tart, amitől nem tudsz mozdulni. Az a nehéz a szomorúságban, hogy a társadalom kivetítése, miszerint a bántalmazásból nehéz felépülni, megerősíti a szomorúságot.

Amikor a bántalmazáson bánkódunk, abból a hitrendszerből működünk, hogy ennek nem kellett volna megtörténnie velünk. Van egy hamis elképzelés, amelyet az általános világszemléletünk állandósít, miszerint az életben nem kellene kihívásoknak lennie. Ez a hit magába foglalja a feltételezést, miszerint az életnek simának és zökkenőmentesnek kellene lennie. Amikor ezen a szűrőn keresztül nézzük a világot, és a dolgok megtörténnek velünk, úgy érezzük, hogy át lettünk verve és kitaszítva az életünkből. Ha az áldozattudat lencséjén keresztül nézünk a bántalmazásra, ez válik a lehető legrosszabb dologgá, ami egy emberi lénnyel megtörténhet, és elveszítjük a képességünket arra, hogy egy átalakító élettapasztalatként használjuk fel a bántalmazást.

A pszichológiában azt a képességünket, hogy úgy tekintsünk a tapasztalatainkra, hogy valamiképp a legmagasabb potenciálunk elérését támogatják, „poszttraumatikus fejlődésnek" nevezzük. Ez lehetővé teszi számunkra, hogy megfontoljuk a lehetőségét annak, hogy a kihívásaink által erősebbé és gazdagabbá válunk. Azonban ha hibákként tekintünk a tapasztalatainkra, nem láthatjuk őket ebből a megvilágításból.

ÍRÁSGYAKORLAT: REFLEXIÓS PONTOK

Mennyire működsz a szomorúság érzelméből? Milyen szituációk váltják ki? Hogyan jelenik meg? Milyen érzés ez a testedben?

Felismered a tehetetlenség érzetét, ami ezzel az érzelemmel jár?

Milyen ismerős gondolatokat tapasztalsz, amikor belesüppedsz a szomorúságba?

Ha befejezted ezt a gyakorlatot, megismételheted az előző energiagyakorlatot. Most azonban a szégyen és az ítélkezés helyett engedd el a szomorúság érzelmét.

Az ujjaid használatával képzeld el, hogy összegyűjtöd a szomorúságot a testedből a lábfejedtől a fejed búbjáig, elöl és hátul is. Dobd bele a földbe magad előtt, és mondd ki hangosan: „NEM, NINCS TÖBB BÁNTALMAZÁS. EZ AZ ÉN TESTEM ÉS AZ ÉN VÁLASZTÁSOM! JOGOM VAN HOZZÁ!" Ismételd el legalább háromszor, miközben elképzeled, ahogy az energia beleereszkedik a földbe, és szétoszlik benne.

Ezt követően pedig figyeld meg, van-e javulás vagy pozitív változás az energiádban.

Mellékesen jegyzem meg, hogy azért tesszük ezt a Földdel, mert a Föld olyan hatalmas, és nem ítélkezik. Mi mást tudtok még ebben a világban, ahol egy tűz kitörhet egy erdőben és felégethet egy erdőt, majd egy év múlva újra virágzik? Zöld. Ez a föld, és ezért oszlatjuk el és oldjuk fel a földdel szembeni visszaéléseket. Trágyaként használjuk, hogy valami új virágba boruljon.

HARAG ÉS DÜH

A harag lehet az életerő-energia forrása is, amikor fókuszáltan fejeződik ki. Ilyenkor segíthet túllépni a jelenlegi helyzeteden, azonban a nem hatékony használat csöpögő méreggé alakítja, ami kételkedő és bizalmatlan állapotban tart téged.

A düh nem más, mint befelé fordított harag. Ez egy kontrollálhatatlan gyilkos energia, valamint a belső hangulatod kirobbanása, az „Utálom ezt az egészet" vulkánkitörése. Amikor egy ilyen állandósult állapotban élsz, gyakran ugrálsz a düh és a depresszió között. Biokémiai szempontból nézve csupán idő kérdése, meddig tudod elviselni a dühöt, mielőtt az felpumpálja a kortizolszintedet, valamint csökkenti a tested DHEA szintjét, mivel ez egy súlyosan stresszes állapot. Ez érzelmi hullámvasúthoz vezethet, hosszantartó depressziós szakaszokkal, ahol a test nem képes tovább fenntartani a dühöt, mielőtt ismét visszapattanna bele. Ez egy súlyosan kimerítő ciklus, ami eltorzítja a valóságérzetünket, aminek következtében csak azt látjuk, amiről azt hisszük, hogy történik, még akkor is, amikor a körülöttünk levők megpróbálnak meggyőzni az ellenkezőjéről. Az ebben a ciklusban élőket gyakran ítélik mások „keserűnek". Ennek a frekvenciának a közelében lenni igencsak megpróbáltató, mivel a düh vonzása nagyon erős.

Az egyik dolog, amit tehetünk, hogy fogjuk a dühnek ezeket a toxikus megnyilvánulásait, és a változás eszközévé alakítjuk. Ehhez elképzelhető, hogy szükséged lesz egy ügyes facilitátorra, hogy segítsen elnavigálni a dühből kivezető úton, hogy ezt az energiát az átalakulás eszközeként használhasd. Ha dühből működsz, ez olykor jól eshet, vagy legalábbis jobban, mint a depresszió, mert valami legalább megmozdul, amikor kifejezed a dühödet.

A szakértelem ahhoz kell, hogy olyan irányba tereld ezt az energiát, ami téged szolgál
egy olyan helyett, ami a kihívásaidat erősíti.

Ehhez pedig az első lépés az, hogy felismered és elismered, ha belekerültél a düh ciklusába.

ÍRÁSGYAKORLAT: REFLEXIÓS PONTOK

Itt az a cél, hogy megkülönböztessünk minden érzelmet, hogy elkülöníthesd őket, és megengedhesd a testednek, hogy a szövetségesed legyen.

Tedd a kezed a tested azon részére, ami haragot érez. Most pedig tedd a kezed a tested azon részére, ami dühöt érez. Meg tudod határozni a különbséget vagy hasonlóságot a harag és a düh között? Melyik van túlsúlyban?

Szoktál a düh és a depresszió között ugrálni?

Tapasztaltad már, hogy haraggal nyilvánítod ki a véleményedet?

Meg tudod határozni a különbséget a harag potenciálja és a düh kitörése között?

Ha elvégezted ezt a gyakorlatot, megismételheted a fenti energiagyakorlatot, ismét belehelyettesítve ezúttal a harag és a düh érzelmét.

Az ujjaid használatával képzeld el, hogy összegyűjtöd a harag és düh energiáját a lábfejedtől kezdve a fejed búbjáig elöl és hátul is. Dobd bele a földbe magad előtt, és mondd ki hangosan: „NEM, NINCS TÖBB BÁNTALMAZÁS. EZ AZ ÉN TESTEM ÉS AZ ÉN VÁLASZTÁSOM! JOGOM VAN HOZZÁ!" Ismételd el legalább háromszor, miközben elképzeled, ahogy az energia beleereszkedik a földbe, és szétoszlik benne.

Ezt követően pedig figyeld meg, van-e javulás vagy pozitív változás az energiádban.

FÉLELEM

A félelem egy olyan állapot, amiben beragadsz, lefagysz és lebénulsz. Amikor félelemben élsz, az árral szemben evezel, egyenesen egy pusztító zónába. Ez egy automatikus válaszrendszer, amiben folyamatosan felkészíted magad arra a valamire a külvilágban, ami traumatikusnak tűnhet.

Amikor félelemben élsz, valaki mindig ki akar majd cseszni veled, átverni, kihasználni, bántani, elutasítani vagy elhagyni téged. Ennek általában semmi köze nincs az előtted álló emberhez, és gyakran kaphatod rajta magad, hogy rávetíted a saját valóság-verziódat.

Amikor egy örökös félelmi állapotban élsz, sosem lehetsz jelen.

A félelem majdnem mindig magában foglalja azt, hogy visszamész a múltba, arra vonatkozó referenciapontként, ami ezelőtt történt, majd ezt kivetíted a jövőbe.

ÍRÁSGYAKORLAT: REFLEXIÓS PONTOK

Mennyire működtél eddig félelemből? Tedd a kezed a tested azon részére, ami fél.

Milyen helyzetek váltják ki? Hogyan jelenik meg? Milyen érzés a testedben?

Észreveszed magadon, hogy a múltba tekintgetsz, majd hasonló dolgok után nézel a jelenben? A jelenben keresed a bizonyítékát annak, hogy valami balul fog elsülni?

Milyen stratégiát vezethetsz be, hogy rajtakapd magad, amikor a félelem ciklusa beindul?

Ha elvégezted ezt a gyakorlatot, megismételheted a fenti energiagyakorlatot, ismét belehelyettesítve ezúttal a félelem érzelmét.

Az ujjaid használatával képzeld el, hogy összegyűjtöd a harag és düh energiáját a lábfejedtől kezdve a fejed búbjáig elöl és hátul is. Dobd bele a földbe magad előtt, és mondd ki hangosan: „NEM, EZ NEM VALÓS. AZT VÁLASZTOM, HOGY JELEN MARADOK A MOSTBAN." Ismételd el legalább háromszor, miközben elképzeled, ahogy az energia beleereszkedik a földbe, és szétoszlik benne.

Ezt követően pedig figyeld meg, van-e javulás vagy pozitív változás az energiádban.

Összefoglalva: a bántalmazás érzelmeiben élni annyit jelent, hogy az alacsonyabb harmonikusokból működsz. A radikálisan eleven élés és a magasabb harmonikus állapotokból való működés érdekében először is fel kell ismernünk, hogy a bántalmazás érzelmeiből működünk, és megbarátkoztunk bizonyos érzelmi frekvenciákkal, amiket normalizáltunk.

Most pedig vegyük fontolóra, milyen hatással volt az életed különböző területeire az, hogy a bántalmazás ketrecében éltél, és ezekből az érzelmi állapotokból működtél. A könyv későbbi részeiben pedig feltérképezzük azt is, hogyan tudod átalakítani ezeket az érzelmeket, hogy radikálisan elevenen élhess.

MÁSODIK RÉSZ: KÜSZKÖDÉS A KETRECBEN

NEGYEDIK FEJEZET: A BÁNTALMAZÁS FOLYTONOSSÁGA

Mikor lesz már vége ennek?

Ezt a kérdést számtalanszor feltettem magamnak az életem során. Az igazság azonban az, hogy fogalmam nem volt, véget ér-e valaha. A megannyi bántalmazás, amit különböző formában megtapasztaltam az évek alatt, úgy tűnt, megsokszorozódott az idő múlásával. Minél inkább fokozódott, annál inkább biztos voltam benne, hogy valami baj van velem, elvégre minden egyes újabb esemény látszólag azt a valóságmodellt támasztotta alá, amiből működtem, mely azt feltételezte, hogy valamilyen módon rossz vagyok.

Amit azonban most már tudok, de nem értettem akkortájt, az az, hogy amikor a bántalmazás ketrecéből működünk, az folyamatosan állandósítja önmagát, és nem tudjuk, hogyan állítsuk le. Elképzelhető, hogy hasonló tapasztalatban volt részed, amikor látszólag minden sarokból egy bántalmazó párkapcsolat, kapcsolódás és kommunikációs forma leselkedett rád.

Az a helyzet, hogy a bántalmazás nagyon ritkán ér véget az eredeti esemény lezárultával.

A kezdeti behatást követően úgy tűnhet, mindenki bántalmaz téged.

Maga a bántalmazás, legyen szó egy jelentősebb eseményről, vagy kisebb incidensek sorozatáról, továbbra is visszhangot ver az életünkben és a valóságunkban, jóval azután is, hogy megtörtént.

Még akkor is, ha a bántalmazást egy adott életterületen élted is meg, nagyon valószínű, hogy ahhoz hasonló visszhangok bukkantak fel az életed más területein is, számtalan módon. Észrevehetted, hogy egy járvánnyá vált, mely a létezésed minden szegletéig kiterjed. Abban az esetben, ha a bántalmazás gyerekkorban kezdődött, a bántalmazás folytonossága jó eséllyel (kivéve, ha jelentősen átalakítottad, és már nincs rád hatással) számos formában szolgál az elsődleges referenciádként a mai napig.

A BEHATÁS SOKKJA

A bántalmazásra adott reakcióink megértéséhez kulcsfontosságú tisztában lennünk azzal, hogy a visszaélés sokkot hoz létre a szervezetben. Ezt követően a trauma automatikus válaszrendszereket kényszerít a testre, amelyek stresszhelyzetben újra meg újra aktiválódnak. A testünk kémiája szó szerint megváltozik, amikor bántalmazásban részesülünk, amihez úgy alkalmazkodunk, hogy visszahúzódunk a láthatatlan ketrecbe.

Eleinte a ketrec biztonságos hellyé válik, és csupán ezt ismerjük, mint megoldást az érzékszervi és molekuláris túlterheltségre, amit az eredeti történés váltott ki. Akárhányszor valami emlékeztet bennünket a kezdeti behatásra, ismét a ketrecben kötünk ki. Ez általában minden érzékünket érinti, és bármilyen, a külvilágból érkező érzéki inger hatására visszavonulót fújhatunk a ketrecbe. Megérzünk egy illatot, ami az eredeti történésre emlékeztet – egy parfüm vagy arcszesz –, és máris menekülőre fogjuk. Meghallunk valamit – mint például egy hangszínt vagy egy bizonyos szót, amit a behatás alatt használtak –, és már vissza is tértünk a ketrecbe. Meglátunk valamit, ami az eseményre emlékeztet – az elkövető arcszőrzetére például, amikor meglátunk egy borostás férfit –, és máris visszavonulunk. Aztán persze ott vannak a finomabb, molekuláris jelzések is: a rengeteg érzés és érzelem, amit a bántalmazás hozott létre. Gyakran, amikor valaki bántalmazáson esett át, ezek az érzések és érzelmek beragadnak a testbe, és a külvilágból érkező legapróbb dolog is beaktiválhatja őket. Bizonyos értelemben beleágyazzuk a lényünk sejtjeibe az elkövetőt. Így hát az elkövető valóságán keresztül tapasztaljuk meg a világot, ez pedig kulcsfontosságú része annak, ami a ketrecbe zárva tart bennünket.

Habár a ketrec arra lett kitalálva, hogy megvédjen minket – végérvényesen próbál biztonságban tartani minket, hogy ne történhessen velünk hasonló esemény –, de végül a történtek sokkja által definiáljuk magunkat. A molekuláris felépítésünk megváltozik, és ezek a változások szűrővé válnak, amelyen keresztül megéljük a valóságunkat.

Mint már korábban is mondtam, az éberségnek jelentős szerepe van a bántalmazás ketrecének begyógyításában. Amikor azonban mintegy gombnyomásra ugrunk a ketrecbe, mert az eredeti esemény sokkja még mindig a testünkben van elraktározódva, olyankor az éberség *ellentétéből* működünk.

Transzból működünk.

TRANSZBÓL MŰKÖDÉS

Ha a történtekhez kapcsolódó érzékszervi információ túl gyakran aktiválódik, elkezdesz „anti-te"-ként működni. Ha pedig visszaemlékszel, az „anti-te" megakadályoz az életed teremtésében és generálásában.

Ha „anti-te"-ként jelensz meg, könnyen lehet, hogy két dolog egyike történik:

- Éber vagy rá, hogy valami „nem stimmel", de nem tudod behatárolni, megfogni.
- A ketrecben élsz, de nem vagy rá éber, hogy ezt teszed.

Általában mindkét esetben hajlamosak vagyunk a külvilágot okolni azért, ahogyan érezzük magunkat.

BEVONZANI MÉG TÖBBET UGYANABBÓL

Minél többet működünk a bántalmazás ketrecéből, annál inkább vonzzuk magunkhoz a bántalmazó incidenseket. Az eredeti esemény sokkrezonanciája, valamint ahogy molekulárisan ebből a rezonanciából működünk, azt jelenti, hogy hasonló lényeket vonzzunk be, olyanokat, akik ugyanebből a térből működnek.

Amikor áldozatként látjuk magunkat, és úgy érezzük, hogy a bántalmazás ellenünk lett elkövetve, más elkövetők vonzódni fognak hozzánk, hogy ismétlődjön a kör.

Nem vesszük észre, hogy egyszerűen ők is be vannak ragadva a saját köreikbe, és mi is szerepet játszunk nekik, ehelyett a szűrőinkön keresztül úgy látjuk őket, mint a támadóink, elnyomóink, semmi több. Ha ez történik veled, egy részed valószínűleg azt hiszi, hogy valami baj van veled. Mint már a könyv bevezetőjében kiemeltem, semmi baj nincs veled, ha folyamatosan hasonló körökben vonzod az életedbe a bántalmazást. Egész egyszerűen csak miután a bántalmazás megtörtént az életedben, nem tudtad, hogyan hagyd abba, hogy újrateremted.

A BÁNTALMAZÁS ELKÖVETÉSE ÖNMAGAD ELLEN

Amikor bántalmaznak minket, felvesszük az elkövető valóságát, mintha a sajátunk lenne. Legyen a bántalmazás pénzügyi, érzelmi, fizikai, családon belüli, szellemi vagy szexuális, végső soron a minket bántalmazó személy valósága lesz az a valóság, amin keresztül megtapasztaljuk a saját világunkat.

Van egy kifejezés a biofizikában, amit „biomimetikus mimikri"-nek hívnak – ami egyszerűen annyit jelent, hogy átvettük valaki más létezési módját a világban, mintha a miénk lenne. Gyakran tapasztalunk biomimetikus mimikrizést az elkövetőinkkel, ami segíthet megérteni, hogyan válhat időnként a bántalmazott bántalmazóvá. Másképp felvázolva: a kondicionált, megrögzött válaszreakcióink fájdalom-útvonallá válnak. Példának okáért egy fájdalom-útvonal lehet az, amikor a bántalmazás elkövetője gonosznak, rossznak vagy hibásnak hiszi magát, ez az energia pedig átkerül ránk az „aktus" során. Ezek után elkezdünk úgy viselkedni, mintha rosszak vagy hibásak lennénk. Ez életben tartja az eredeti eseményt, tovább táplálva a PTSD tüzét, sosem engedve teret a poszttraumatikus fejlődésnek.

A biomimetikus mimikrinek rengeteg formája van, és nem feltétlenül jelenti azt, hogy olyanná válunk, mint az elkövető. Gyakran inkább azt jelenti, hogy fogjuk a világban való létezésének egy alkotóelemét, és magunkra vesszük. Amikor biomimetikusan mimikrizzük az elkövetőinket, az azt is magában foglalja, hogy ugyanazokból a fájdalom-útvonalakból működünk, mint ők. Ilyenkor az történik, hogy valójában sosem kerülünk egységbe a saját énünkkel, hiszen valamilyen szinten, tudat alatt az elkövetőink elismerését keressük azáltal, hogy leutánozzuk őket.

Hogy hozzak egy példát is, én anyámmal tapasztaltam meg a biomimetikus mimikrit. Viharos kapcsolatunk volt, és még a felnőttlétem java részében is az ő energetikai valóságából működtem. Ez nálam úgy nézett ki, hogy nehezemre esett egyedül lennem. Sosem éreztem kényelmesen magam egyedül, és állandóan lenni akartam valakivel. Szintén nehezemre esett generálni és teremteni az életemet – amit úgy is szoktak hívni, hogy „megállni a saját lábadon". Évtizedeket töltöttem azzal, hogy az anyám valóságából teremtettem és generáltam – nem csak a testemben és az elmémben, de a karrieremben és a pénzügyeimben is. Nem tűnt fel, hogy az ő valóságából cselekszem ilyenkor.

Az egyik jele annak, hogy az elkövetőd által rád kényszerített bármilyen valóság korlátain belül élsz, hogy a kicsiségedből működsz. A félelmeidre alapozva hozol döntéseket, nem pedig kiterjedésből. Esetemben például hagytam anyámnak, hogy kiválassza az iskolát és egyetemet, ahova jártam, ahelyett, hogy én választottam volna. A hatalom ezúttal is az elkövető kezében volt.

Anyám nagyon kontrolláló, ítélkező és erőszakos volt. Túlnyomórészben azzal az üzenettel etetett engem és másokat maga körül, hogy: „Csak akkor fogadlak el, ha azt teszed, amit mondok." Azzal, hogy meghajoltam az akarata előtt, lehetővé tettem számára, hogy továbbra is hatalmat gyakoroljon felettem. Annyira be voltam zárva a fizikai erőszakba, a traumába és bántalmazásba, hogy nem tudtam, hogyan mondjak nemet neki. Amikor igent mondasz másvalaki valóságára, azzal lényegében nemet mondasz saját magadra. Ez választ el téged az önmagaddal való egységközösségtől.

Szóval honnan tudod, hogy amit a zsigereidben érzel, a tiéd-e, vagy olyasmi, ami valaki máshoz tartozik, amit sajátodként vettél be?

ÍRÁSGYAKORLAT: KINEK A VALÓSÁGAKÉNT LÉTEZEL?

Mit tanított neked édesanyád és édesapád, valamint más emberek az életedben rólad, a testedről, az életedről és a valóságodról, amit még mindig elhiszel, vagy ami köré tudatosan vagy tudattalanul az életedet teremted?

Ezek a hiedelmek a saját igazságod? Más szóval, választod most őket?

Egy belső, központi szinten a hiedelmeink minket szolgálnak. Hogyan ragasztanak ezek a hiedelmek vagy viselkedésminták a ketrecbe, és szolgálnak téged egyidőben?

Meg tudod állapítani, hogy mások igényeinek kiszolgálása hogyan tart téged egy kompromisszumon alapuló életben?

Az elkövetőink talán még mindig az életünk részei, talán már nem. Elképzelhető, hogy életben vannak, ahogy az is, hogy már nem. Amikor azonban az erőnket átadjuk nekik, lezárunk minden lehetőséget, és korlátok között élünk, ezzel elkövetővé válva magunkkal szemben. Amint ez az „átfordulás" megtörténik, onnantól kezdve egy teljesen automatizált valóságban éled az életedet. Amikor az ellened irányuló behatásról beszélünk, ez nemcsak az eredeti bántalmazást foglalja magába, hanem minden egyes egyéb bántalmazó cselekedetet is, ami az életedben történt, amit igazságként magadra vettél – minden döntést, következtetést és ítélkezést, amit mások hoztak rólad, és amit te cserébe a saját valóságoddá tettél – ami lényegében a saját rosszaságod programozása.

Egy éberségmágnesként érzékelsz, tudsz és létezel és fogadsz energiát a bolygó és a világ minden szegletéből, a felmenőidtől, a testedtől, a szomszédodtól, főnökeidtől, kollégáidtól, egyházaidtól, és még sorolhatnám.

ENERGIAGYAKORLAT: ENGEDD EL, AMI NEM A TIÉD

Csukd be a szemed, és tedd a kezed a csecsemőmirigyedre, valamint a szeméremcsontodra. Lélegezz szájon át háromszor, majd mondd: „SZIA TEST! SZIA TEST! SZIA TEST! SZIA ÉN! SZIA ÉN! SZIA ÉN! SZIA FÖLD! SZIA FÖLD! SZIA FÖLD!" Terjeszd ki az energiád, és érintsd meg a szoba négy sarkát, és lélegezz. Lélegezz ki, amennyire csak tudsz fel, le, jobbra, balra, elölre és hátra. Vegyél egy levegőt magad elől, magad mögül, jobbról, és balról. Lélegezz be a lábadon keresztül, valamint a fejeden keresztül is. Ismételd meg a fenti „sziákat", majd nyisd ki a szemed.

Figyeld meg, hogy érzed magad, vagy hogy van-e változás az energiádban.

Összefoglalva: amíg nem vagy hajlandó a saját valóságodból választani és teremteni, addig más emberek valóságából fogsz választani. Amikor pedig kompromittálod a saját valóságod valaki máséért, az rengeteg energiát vesz el a testtől. Lecsapolja a saját, nélkülözhetetlen életerődet. Ez a láthatatlan ketrec „célja" – hogy sose létezhess ÖNMAGADKÉNT.

ÖTÖDIK FEJEZET: AZ EGÉSZSÉG ÉS A TESTED

„Majd gyöngéden azt mondtam a testemnek: „A barátod szeretnék lenni." Vett egy mély levegőt, és azt felelte: „Egész életemben erre vártam."

— NAYYIRAH WAHEED

Érezted valaha úgy, hogy háborúban állsz a testeddel? Ha részed volt bármiféle bántalmazásban, gyakran fennáll ez a helyzet. Háromféleképpen találhatod magad a testeddel vívott háború közepén:

- Mások igényeit a saját igényeid elé helyezed.
- Állandóan megítéled a tested.
- Felülírod a tested jelzéseit és kéréseit.

Ebben a fejezetben feltérképezzük, miként készíti elő a terepet a bántalmazás a testeddel vívott háborúhoz, valamint azt is, mit tehetsz azért, hogy több békében és harmóniában lehessen részed a saját fizikai létedben.

1. MÁSOK IGÉNYEIT A SAJÁT IGÉNYEID ELÉ HELYEZED

Amikor bántalmazás történik, láthatatlanná válsz, míg a bántalmazó jól látható. Az igényeid úgy válnak láthatatlanná, ahogy a bántalmazó igényei nőnek. Ez felállítja a bántalmazás láthatatlan ketrecének mintázatát.

A bántalmazás ketrecéből nézve normálisnak gondolod mások igényeinek fontosabbá tételét a sajátodnál. Felülírod ezáltal a tested számtalan jelzését és kérését, miközben rendszerint előtérbe helyezed mások igényeit. Ha visszaemlékszel a 4 D-re, talán észreveszed, hogy letagadod, hogy igényeid lennének, avagy *elkülöníted* őket, mert elhiszed, hogy a tested nem számít. *Leválsz* a gondolatról, hogy bármi jogod van befogadni bármit, és *védekezel* mindennel szemben. Ez tömör rétegeket hoz létre a testedben – súly, kötöttség, merevség, kontroll, összehúzódás és sorolhatnám.

Az évek előrehaladtával normalizálod mások igényeinek előtérbe helyezését. A mintázat fokozódik. *Elkülönülsz* a testedtől, és úgy bánsz vele, mintha nem számítana, ugyanakkor azonban bebörtönözve érzed magad általa. Ez azt eredményezi, hogy még inkább *leválsz* a testedről, és az elmédben kezdesz élni. Az elme azonban csupán 10%-a a testednek – ami azt jelenti, hogy letagadod önmagad maradék 90%-át.

2. A TESTED MEGÍTÉLÉSE

Amikor *letagadsz*, *elkülönülsz*, *leválsz* és *védekezel* a testeddel szemben azáltal, hogy megítéled, elkezded még mélyebbre zárni magad a bántalmazás ketrecébe. Ennek az az eredménye, hogy a tested elkezd felpuffadni. Tömörré válik. Összehúzódik. Fájni kezd. Elkezdenek elromlani benne a dolgok.

Ahogy a tested egyre ridegebbé válik, úgy lesz a gondolkodásod is egyre merevebb. Fekete-fehérben kezded látni a dolgokat, vagy úgy látod, hogy csak egyféleképpen lehet csinálni őket. Felhagysz a kreatív gondolkodással a következtetések és fix nézőpontok javára.

Az is lehet, hogy felszedsz pár kilót vagy nehezebbnek érzed magad. Gyakran, amikor súlyt cipelünk a testünkben, annak több köze van az öngyűlölethez, ítéletekhez, döntésekhez és következtetésekhez, amiket magunkról hoztunk a múlt történéseire alapozva. Még ha nincs is fizikai súlyproblémád, a súly másfajta nehézségként is felbukkanhat, mint például depresszió formájában. Ezt is okozhatja a tömörség, amit a testedhez kötsz a bántalmazással kapcsolatban.

A súlyt okozhatják a toxinok, amikhez a bántalmazóidtól ragaszkodsz. Ítélkezésből is eredhet, amit másoktól vettél magadra, vagy amiket fenntartasz magadról. Olykor ez egy védelem, amit azért hoztál létre, hogy megpróbáld megvédeni magad más bántalmazóktól. A súly helyben tartásával pedig egy olyan átvitt üzenetet közvetítesz, hogy az életedben mindenki egy potenciális bántalmazó a szemedben.

Változás teremtése az ítélkezésből

Amikor ránézünk a testünkre, és elhatározzuk, hogy megváltoztatjuk, ezt gyakran az ítélet teréből tesszük. Rosszá és hibássá tesszük magunkat, amiért a testünk olyan, amilyen.

Minden alkalommal, amikor eldöntöd, hogy valami baj van veled,
azt ítélkezésből teszed.

Eltervezhetjük, hogy többet mozgunk vagy kevesebbet eszünk, de legtöbbször ez azon alapszik, hogy megvonjuk magunktól a gyönyör minden formáját. Ha bántalmaztak, gyakran hajlamosak vagyunk a súlycsökkentés durvább módszereire és fegyelmezett tervekre szorítkozni. Már így is van egy lenyomatunk a testünk bántalmazásáról, így újra meg újra állandósítjuk ezt, kegyetlen és irreális fogyási célokba hajszolva magunkat, ami aztán hajlamos visszafelé elsülni. Nem tudjuk igazán, hogyan barátkozzunk meg a testünkkel, mivel nem kedvességből állunk hozzá. Bizonyos értelemben még most is azt a bántalmazást tartjuk fent, amiben részünk volt.

Diszharmónia-mintázatok

A harmadik fejezetben beszéltünk arról, hogy az érzelmeid lehetnek harmonikusak vagy diszharmonikusak attól függően, hogy az alacsonyabb harmóniafrekvenciákból működsz vagy a magasakból. Ne feledd, a diszharmónia mintázata betegséget hoz létre, elkülönülést és védekezést.

A test/szellem jelenség nagyon is valós. A testedben tárolt zsír és méreganyagok voltaképpen az ítéleteid, döntéseid és kikövetkeztetéseid tükre. Sajnálatos módon a legtöbben a méreganyagok és ítéletek súlyát választjuk igazságunkként a magasabb harmonikusok könnyedsége és kiterjedése helyett. Azáltal azonban, hogy ragaszkodunk a súlyhoz, az élő valóságoddá teszed azokat az ítéleteket és következtetéseket – ami egyre mélyebbre taszít a ketrecben. Amikor bármi másként tekintünk a testünkre, mint ajándékként, egy mélyreható békétlenséget tapasztalunk.

3. A TESTED JELZÉSEINEK ÉS KÉRÉSEINEK FELÜLÍRÁSA

A bántalmazás állandósításának egy másik módja, amikor figyelmen kívül hagyjuk a testünk kéréseit. A testünk rendelkezik egy veleszületett bölcsességgel, aminek a 21. századi élet keresztbe tett, ám a bántalmazás ezt még tovább veszélyezteti. A tagadás, elkülönülés és leválás elválaszt minket a testünk megannyi jelzésétől és kérésétől. Ezt a belső bölcsességet túl gyakran tompítjuk le étellel, alkohollal és drogokkal. A test/szellem számára zavaró az, amikor érzelmi indíttatásból eszünk vagy reagálunk a sóvárgásra. A test ösztönös bölcsességének figyelmen kívül hagyása messzebb sodor minket önmagunktól. Társadalmilag normalizálódott ez a fajta alkalmazkodás, ahelyett, hogy meghallgatnánk, mire van szüksége a testünknek.

Volt egyszer egy élményem, amikor úgy döntöttem, hogy meglátogatom a kedvenc gluténmentes indiai éttermemet. Mindig is imádtam oda járni, azonban ez alkalommal az odafelé vezető úton a testem azt kezdte mondani nekem: „Nem lesz ez most jó neked."

Gondoltam, túlteszem magam rajta, ha egyszer odaérek, de ahogy enni kezdtem, egyszerűen nem ízlett. Még ekkor sem álltam le, az étel pedig nem találta a helyét a testemben. Egész éjjel kényelmetlenül éreztem magam, de nem csak az étel miatt, hanem mert a gondolkodásom és a testem háborúban álltak egymással. Nem hallgattam a testemre, pedig nagyon is egyértelmű jelzésekkel látott el.

ÍRÁSGYAKORLAT: ÉBERSÉGGEL ÉTKEZEL?

Hányszor írtad felül te is a tested jelzéseit és ettél, amikor nem is voltál éhes, vagy amikor szomorú vagy dühös voltál? Hányszor ettél, amikor a tested nemet mondott, csak mert elmentél vacsorázni, vagy egy közösségi eseményen vettél részt?

Tartsd számon, mikor éhezel meg. Kérdezd meg magadtól: Éhes vagyok vagy zaklatott? Szomjas vagyok vagy egy barátra, ölelésre, sétára van szükségem? Kezdd el észrevenni, mit próbál elmondani neked a tested.

A BÁNTALMAZÁS KIGYÓGYÍTÁSA A TESTBŐL

Amit a legtöbb ember – beleértve a hagyományos terapeutákat is – nem ért, hogy amikor bántalmazást szeretnél gyógyítani, legeslegelőször a testtel kell kezdeni. Ezt mindig így találtam. Sajnálatos módon azonban gyakran ez az utolsó hely, ahova menni szeretnél. A legfontosabb azonban az, hogy felismerd, hogy a bántalmazás növeli az elkülönülést a test és a szellem között, a bántalmazás gyógyítása pedig bezárja ezt a rést. Szó szerint meg kell tanulnod kivezetni a traumát a testből. Elengedhetetlen megtanulni, hogyan oldd fel a fizikai diszharmóniát, hogy ismét egy lehess a testeddel.

Amikor egy vagy önmagaddal, egy vagy mindennel – a világ összes molekulájával. Ha elkülönülsz a testedtől, elkülönülsz mindentől.

Az első lépés, hogy nem hagyod, hogy a múltbeli bántalmazás tovább uraljon téged. Ebben a könyvben gyakran megerősítettük már azt az üzenetet, hogy a legértékesebb dolog benned a választás képessége. Az első lépésed nem más, mint meghozni a választást, hogy többé nem hagyod, hogy mások igényei felülírják a sajátodat, hogy leállsz a tested megítélésével és azzal, hogy figyelmen kívül hagyod a kéréseit.

Véget vetni az ítélkezésnek

Elengedhetetlen látni, hogyan jelenik meg a testedben a múltad bántalmazása. Ahelyett, hogy kövérnek, rondának, rossznak vagy hibásnak látod magad, elkezdheted meglátni, hogy ezek az ítéletek mástól érkeztek, vagy egy másik időből, és így el tudod kezdeni a helyesség és a teljesség teréből teremteni a testedet.

Ahelyett, hogy próbáljuk ítélkezéssel és büntetéssel megváltoztatni a testünket, választhatunk az „eltökéltség" új paradigmája alapján is. Ez azt jelenti, hogy azt választjuk, hogy a tudatosság egy más szintjéről nézzük magunkat és a testünket, egy olyan szintről, ami kedvességen, tápláláson és törődésen alapul a hibáztatás, szégyenkezés, megbánás és önbüntetés helyett.

Amikor elengedjük a testünk ítéletét, egyre inkább meglátjuk a kapcsolatot a testünkön cipelt súly és a bántalmazás ügyének nehézsége között. Amikor abbahagyod, hogy elutasítod, elűzöd és elkergeted magadtól az összes lehetőséget, akkor abbahagyod a tested megítélését. Az egészséged, a tested (a pénzeddel, jóléteddel és kapcsolataiddal együtt, amiket a következő fejezetekben taglalunk majd), mind arról szólnak, hogy elutasítod, elűzöd és elkergeted magad a lehetőségektől.

Mi kellene ahhoz, hogy megteremtsd a lehetőség örömét a testeddel azáltal, hogy elfogadod és átöleled önmagad, mint lehetőséget?

A tested egy örömérzékelő rendszer. Mostanra azonban vélhetőleg teljesen eltörölted az élvezet tapasztalatát, vagy elferdítetted és kifordítottad, netalántán korlátoztad a megengedhető öröm mennyiségét olyan azonnali kielégülésekre, mint a csokoládé, vagy más átmeneti csúcsélményre. A tested azonban örömre terveztetett, és boldogságra van huzalozva.

ÍRÁSGYAKORLAT: VÁLTOZTASD MEG AZ ÉTKEZÉSED FÓKUSZÁT

A legújabb diétaterv vagy hóbort szokásos rutinja helyett, ami a tested megítélésére buzdít, hogyan növelheted meg az örömöt a testedben, hogy a fókuszod ne azon legyen, mi baj van veled? Ne azt kérdezd magadtól, hogyan fogyhatnál le vagy változtathatnád meg a tested, hanem tedd fel magadnak a kérdést, hogy hogyan engedhetnéd el az ítélkezés mintázatait, amik benne tartják ebben a testedet.

Írd le 10 ítéletedet a testedről. Az elkövetkező héten minden nap válassz egy másfajta cselekedetet minden egyes leírt ítélkezés helyére.

A testedre hallgatni és előtérbe helyezni az igényeidet

Az „eltökéltség" új paradigmája szerint többé nem erőlteted bele a tested a változásba. Elhatározod, hogy megálljt parancsolsz a testeddel vívott háborúnak, bármibe is kerüljön ennek megváltoztatása. Hajlandónak kell lenned erre az eltökéltségre. Hajlandónak kell lenned láthatónak lenni és hagyni, hogy az igényeid uralkodjanak. Ne feledd, ha bántalmaztak, mindenki más igényei láthatóbbá váltak nálad. El kell tökélned, hogy láthatóvá teszed a saját igényeidet. Az univerzum megmutatja majd, hogy támogat, de hajlandónak kell lenned saját magadat is támogatni.

Nagyszerű változást hozhat létre, ha megtanulsz kommunikálni a testeddel, és megkérdezed, mire van szüksége. Akár azáltal, hogy gyakran megkérdezed tőle: „Szia, testem, mire van most szükséged?" Ez már önmagában lehetővé teszi számodra, hogy elismerd, hogy van egy tested, és hogy véget vess a szétválasztódásnak.

Ha már egy ideje le vagy válva a testedről, elképzelhető, hogy elsőre nem fogod érteni, mit mond. Amikor valami feljön a testedben, feltehetsz magadnak ilyen kérdéseket: „Ha a testem (vagy a testem ezen része: nevezd meg) beszélni tudna, mit mondana? Mit mondasz nekem? Ez mostanra vonatkozik vagy későbbre?" (Az utolsó kérdéssel kapcsolatban, nos, a tested olykor olyan dolgokat mutat meg, aminek a begyógyításához egy mélyebb gyógyító kezelést kér, ami nem feltétlenül alkalmas éppen akkor, amikor megmutatja magát.)

GYAKORLAT: MOZDULJ, MOZDULJ, MOZDULJ

Olykor úgy kelsz majd fel, hogy nehéznek vagy sűrűnek érzed a tested, és nem tudod miért. Ahelyett, hogy beletörődsz ebbe az állapotba, tedd fel a kérdést, mit tehetsz azért, hogy túltedd magad rajta. Állj fel a futópadra. Menj ki és mozdítsd meg a tested. Dobolj, tapsolj, táncolj vagy énekelj. Mozgasd a tested 30 másodpercig és nézd meg, mi változik, majd emeld egy vagy két percre.

Alternatívaként beállíthatod az időzítőt 15 percre és kiírhatod magadból a következő mondatot: Egy dolog, amit a testem nem szeretné, ha tudnék, az az, hogy _______________ (fejezd be a mondatot). Foglalkozz ezzel 15 percig, majd tépd össze és haladj a napoddal.

Ne feledd, a bántalmazás nem csak egy esemény – hanem egy teljes testes tapasztalás. Nincs olyan részed, ami megúszná az érzését, de sokkal gyorsabban meg tudod változtatni az érzéseket, mint gondolnád.

Bármilyen elismerést ad neked a tested, cselekedj annak megfelelően.

A testtanfolyamaim elején azt javaslom az embereknek, hogy képzeljék el, hogy a fejüket egy függőágyba hajtják a strandon, és esélyt adnak a testüknek, hogy elismerje, amit tud. Sok embernek a feje válik az életét irányító színtérré, ehelyett pedig a test bölcsességét és éberségét szeretnénk bevonni. A test mindent tud, egyszerűen csak megtanultál nem bízni benne. Mondd újra meg újra: „Szia test, szia test, szia test." Van ebben egy bizonyos sebezhetőség. Belesüppedhetsz és kiterjesztheted a sebezhetőségnek ezt a terét, ami lehetővé teszi számodra, hogy sokkal többet fogadj be.

A testünk alkalmazkodó és zseniális, elképesztő képességekkel – amikor meglátjuk a zsenialitását annak, hogy a testünk mi minden lehet, akkor működhetünk a potens és dinamikus erejéből.

GYAKORLAT: EGY ÚJ NAP

Egy napig csinálj úgy, mintha a testednek mindenben igaza lenne. Akármilyen éberséget ad neked, játszd el aznap, hogy elköteleződsz magadhoz, és erre alapozva cselekszel. Milyen jövőt teremtene ez?

Összefoglalva: valószínűleg hozzászoktál a tested megítéléséhez, a jelzései és kérései felülírásához, valamint mások igényeinek a sajátod elé helyezéséhez. A bántalmazás gyógyításának egy része magába foglalja az egész testet, és annak az intelligenciájával való újbóli összekapcsolódást. A test sokkal többet tud, mint gondolod, és amikor kivonod a fejed a képletből és meghallgatod a tested, nagyobb jelenlétet és nagyszerűbb kapcsolatot tapasztalsz majd meg magaddal és a Földdel.

HATODIK FEJEZET: KAPCSOLATOK ÉS SZEXUALITÁS

Ha bármilyen szinten bántalmaztak, nagy esély van rá, hogy a szex és a párkapcsolatok nem épp az erősséged. Egyszerűen tény, hogy szükséged van a testedre ahhoz, hogy bármiféle kapcsolatod legyen, és ahogy az előző fejezetben kitárgyaltuk, a test az, ahol a bántalmazás ügyének nagy része elraktározódik.

Számos módja van a szex és a párkapcsolatok felfedezésének, amikor a bántalmazás kerül szóba. Ebben a fejezetben két kulcsfontosságú aspektusra helyezzük a fókuszt:

- Rajtakapod magad, hogy beképzelsz dolgokat, amikről elhiszed, hogy megtörténnek a párkapcsolatodban, amik valójában nem igazak.

- Rajtakapod magad, hogy elhagyod a testedet szex közben.

Ha le tudsz állni azzal, hogy mindenfélét kitalálsz a fejedben a párkapcsolatodról, és megtanulsz a testedben maradni, miközben szexelsz, egy teljesen új szinten fogod megtapasztalni a kapcsolódást és az intimitást.

A PÁRKAPCSOLATOD BEKÉPZELÉSE

A párkapcsolatok lehetnek édesek és bensőségesek, de lehetnek konfliktussal, traumával, drámával és fájdalommal teliek is. A legtöbbünknek egy kistányérnyi mély kapcsolódás mellé főként egy jól megpakolt tálcányi konfliktus jutott. Örömteliek és élvezetesek a kapcsolataid, vagy fullasztóak és fojtogatóak? Bensőséges kapcsolódást vagy elkülönülést tapasztalsz?

A párkapcsolati problémáink nagy hányada a „problémák beképzeléséből" származik. Ezek a kitalálmányok olyan hazugságok, amiket magadnak mesélsz be, amiket beképzelsz, valamint azok a történetek arról, mi történik, amik valójában nem igazak. Itt most elsősorban azzal foglalkozunk, hogyan csinálod ezt az elsődleges kapcsolatodban, de a történetek kitalálása az életed más részein is megjelenhet.

A párkapcsolatunk kitalálmányaira alapozva hozzuk létre a válaszainkat, reakcióinkat és a kommunikációnkat. Ezek távol tartanak a valódi intimitás megtapasztalásától, amire vágyunk. Miért olyan releváns ez a mintázat, ha bántalmazásról van szó? Mint mindig, ez is a láthatatlan ketrechez kanyarodik vissza.

Amikor be vagy zárva a ketrecbe, saját magaddal beszélgetsz.

Kitalálsz egy beszélgetést magaddal, a saját mintázataid és tapasztalataid alapján, majd kivetíted a következtetéseidet a partneredre, a szeretteidre, a gyerekeidre és így tovább.

Az a rossz vicc az egészben, hogy soha nem fejezed ki a partnered vagy az élvezhető másik feled felé mindazt, ami valójában lezajlik a fejedben. Ehelyett a kivetítéseid miatt elferdíted és kiforgatod mindazt, ami az orrod előtt van, aminek eredményeképpen a párkapcsolat is elferdül és kifordul önmagából. Azzá válik a másik, akit meg akarsz ölni, ahelyett, akit szeretsz! Kívülre helyezed a belső, elfojtott hangod haragját anélkül, hogy a partnered tudná, mi is történik valójában.

Ezek a „kitalálmányok" néma gázként szivárognak a párkapcsolatba, bármiféle megnevezés nélkül. Vélhetőleg nem is tudod, hogy beképzelt dolgok, mivel rájuk sem nézel, és nem teszel fel kérdéseket velük kapcsolatban. Egy kérdés, amit feltehetsz, mielőtt reakcióba mész: „Ez valóban igaz, vagy ez egy kitalálmány?" Ám könnyen lehet, hogy mostanáig nem tettél még fel ilyen kérdéseket. Egyszerűen csak igazzá tetted, elhitted, hogy igaz, és ebből kiindulva cselekedtél és teremtettél. Ezzel azonban mélyebbre és mélyebbre zárod magad a ketrecben, és ezzel egyidőben a partneredet is kizárod a ketrecedből.

Mivel sosem adsz hangot a partnered előtt annak, ami valójában benned zajlik, cserébe ő sem igazán tesz fel kérdéseket vagy vet fel dolgokat, hogy megvitassátok. Elképzelhető, hogy olyasmiket vág a fejedhez, hogy: „Megőrültél." vagy „Állandóan ezt csinálod." vagy „Lehet, hogy segítségre lenne szükséged.". Azonban fogalma sincs, hogyan kérdezzen rá, hogy valójában mi zajlik benned. Te magad sem vagy összekapcsolódva ezzel, így ő sem tud kapcsolódni hozzád.

Jelek, amik arra utalnak, hogy beképzeled a kapcsolataidat

Az első lépés ahhoz, hogy túltedd magad a kitalálmányokon, és eljuss a valódi, mély kapcsolódás terébe az, hogy lásd a beleképzelt dolgokat, amiket a kapcsolatodban használsz ahelyett, hogy igaz történetekre alapoznád a kapcsolatodat. Ezek a kitalálmányok nem engedik, hogy megéld a valódi intimitást, amire vágysz.

Tehát honnan tudod, hogy beképzeled a párkapcsolatodat? Négy jele van a kitalálmányaidnak, amiket kiszúrhatsz:

1. Az igényeid nem számítanak, és a partnered igényei uralkodnak.
2. Úgy érzed, függsz a partneredtől, ugyanakkor neheztelsz is rá.
3. Kimondatlan és öntudatlan megállapodásokat kötöttél, mint például: „Ha gondoskodsz rólam, ha bebiztosítasz pénzügyileg és biztonságban tartasz, vigyázok rád. Főzök, gondoskodok rólad, és megteszem, amire vágysz."
4. Rá sem ismersz már magadra. Létrehoztál egy személyiséget vagy szerepet magadnak. Azt hiszed, ennek kell lenned ahhoz, hogy szeressenek. Vélhetőleg sosem kérdezted meg, hogy valóban ilyennek kell-e lenned.

A kitalálmányaid a múltra épülnek

A kitalált dolgok, amik lejátszódnak a kapcsolataidban, az általad megtapasztalt bántalmazás régi mintázatai alapján játszódnak le. Ezek gyakran annak a mintái, amit párkapcsolatokban tanultál meg, vagy ami példaként eléd volt tárva, és általában tele van kivetítésekkel, elkülönüléssel, elvárásokkal, elutasítással, neheszteléssel és megbánással. Így hát ahelyett, hogy túllépnél a múltadon és megteremtenéd az intimitás egy új formáját, bebörtönzöd magad a bántalmazás ketrecébe, újrateremted a múltad, és még mélyebbre zárod magad ezekbe a hazugságokba és kitalációkba. Gyakran már nem is látod valójában azt, ami ott van előtted, vagy annak a lénynek a gyönyörűségét, aki úgy döntött, hogy megosztja veled az életét.

Amikor megismétled a partnereddel a gyerekkorodban tapasztaltak dinamikáját, azzal „igazságokat" teremtesz a másikkal kapcsolatban, amik valójában beképzelt dolgok. Ezután ezt hozod összefüggésbe vele, így kommunikálsz vele – mindent ezekre a kitalálmányokra alapozol. Ezek csupán a saját erőtlenítésedet szolgálják, hiába szól ez másról a szemedben. Ez egy neheztelő dinamikává válik, pedig igazából az egész nem más, mint egy őrült beszélgetés, amit saját magaddal folytatsz a ketrec belsejében.

Amikor nem látod meg a személyt, aki előtted áll, és bedőlsz a hazugságoknak, a kivetítéseknek, az elvárásoknak, a neheztelésnek és a többinek, olyankor valójában ezekre a szűrőkre alapozva teremted a kapcsolataidat. Valójában egy hazugságra épülő kapcsolatot hozol létre. És ezt hívja a világ túlnyomó része „párkapcsolatnak".

Ez nem csak önmagad bántalmazása – hanem a partneredé is. Ilyenkor válik a párkapcsolat háborúvá két ember között, mivel minden tudatalatti hitrendszer, ami köré felépítetted a kapcsolataidat, valójában korlátokon, tudattalan döntéshozatalon, valamint a saját magaddal lefolytatott párbeszéden alapult.

Nem árt emlékezni, hogy ha ezt csinálod, nagy valószínűséggel ezt is tárták eléd a szüleid, vagy az elsődleges gondviselőid. Apám sokat volt távol, és emlékszem, hogy akárhányszor hazajött, a szüleim nagyon örültek egymásnak. Ugyanakkor arra is éber voltam, hogy anyámat zavarta, hogy nem volt többet otthon, és nem segített be a három gyerekkel. Energetikailag azzal is tisztában voltam, hogy apám nem is akart ott lenni. Nem mondta ki, de éreztem. Ahogy néztem ezt a dinamikát, megéreztem a különbséget a viselkedésük és a ki nem mondott dolgok között. Az erőltetett próbálkozásuk a szeretetre sehogy sem stimmelt. Tudtam, hogy hazugság. Szerepeket vettek fel egymás és a gyerekeik előtt. Nem beszéltek előttünk a háttérben húzódó problémákról, ám ezek gyakran kiütköztek a viselkedésükben. Anyám például az asztalra csapta a tányért, amikor megetette apámat, aki pedig a gyűlölet egy „láthatatlan" kifejezésével válaszolt. A viselkedésükkel fejezték ki, nem a hangjukkal ezeket a tudattalan kitalálmányokat, amelyek folyamatosan jelen vannak egy párkapcsolatban, háborúként, konfliktusként és drámaként teremtve a kapcsolatot – az öröm és a bensőséges kapcsolódás helyett.

A párkapcsolatok egy új modellje

A párkapcsolat lényege, hogy az a te és a partnered hasznára váljon és lehetővé tegye, hogy együtt terjedjetek ki, hozzájárulás legyetek egymásnak, és örömet szerezzetek egymásnak.

Nem egy utópisztikus ideálban élek, nem gondolom, hogy nem lesznek konfliktusok, azonban úgy hiszem, hogy mindent és bármit megváltoztathatunk, beleértve azt is, ahogyan a párkapcsolatokban viselkedünk.

Kihívás lehet változást létrehozni, ha a kapcsolatodat a problémák beképzelésére alapozod. Amikor a „kitalálmányok földjén" élsz, akkor nem is arról beszélsz, ami igaz, hanem olyan dolgokról vitatkozol, ami nem valódi.

Ha találtad már valaha egy vitában magad a kapcsolatodban, amikor valami olyasmit mondtál, hogy: „Nem is tudom, miről veszekedünk", akkor tudod, miről beszélek. Olykor fel tudjuk ismerni, hogy ez egy kitalálmány, és hatalmas erő lakozik abban, ha megállítod magad az ár közepén és azt mondod: „Ezt beképzeltem. Bocsánat. Ez teljes mértékben XYZ-ről szólt, semmi köze hozzád."

A legtöbben azonban nem ismerjük fel, amikor egy kitalálmányban vagyunk, mivel legtöbbször nagyon valósnak tűnik, főként, amikor érzelmek kapcsolódnak hozzá. Az benne a kihívás, hogy az érzelmek a *múltbéli tapasztalatok alapján* aktiválódnak, és amikor érzelmileg töltöttek vagyunk, az sokkal valódibbá teszi a kitalálmányunkat.

Amint inkább éberségből működsz, és kevésbé a mintázataidból, az lehetővé teszi számodra ilyenkor, hogy válassz. Felteheted magadnak a kérdést:

- Mit választok, hogy ki legyek?
- Egy hazugság akarok lenni vagy egy szerep, és beragadni a bántalmazás ketrecébe?
- Elhatározással és a tudatosság állhatatosságával akarok felállni és egységet teremteni?

Van választásod, hogy egy új lehetőséget hozz létre, és hogy együtt nagyszerűbb kiterjedést tapasztalj meg a kapcsolódás minden módjában – közösségileg, szexuálisan, anyagilag, fizikailag, érzelmileg, mentálisan, pszichológiailag és szellemileg.

ÍRÁSGYAKORLAT: PÁRKAPCSOLATI HIEDELMEK

Írj le minden hiedelmet, ami az elméd mélyén lapul a párkapcsolatokról, és tedd fel magadnak a kérdést: „Ez valóban igaz?" Ezt tedd meg mindennel, amit gondolsz, érzel és érzékelsz a párkapcsolatokkal kapcsolatban.

Ha párkapcsolatban élsz, beszélj a partnereddel, miután ennek az írásgyakorlatnak a végére értél. Beszélgess vele (ha segít, hogy jelen van egy harmadik fél, akkor azt javaslom, hogy keressetek egy tanácsadót, aki közvetítőként szolgál a potenciálisan viharos részeknél**). Nyisd ki a ketrec ajtaját, hogy bejusson egy kis egységközösség. Oszd meg, mit hittél, érzékeltél, és mire vagy éber, hogy a párod segíthessen neked meglátni az igazságot, a szűrőiden túl. Mindeközben pedig légy nyitott az eshetőségre, hogy amit megosztasz, az hazugságon alapszik, ami a múltad programozásából és élettapasztalatából ered. A tudatos kommunikáció egy új szintjének a megnyitására törekszünk a kapcsolatodban, túl mindazon, amit mindkettőtökbe beleprogramoztak, hogy igaznak higgyetek. A valódi, ítélkezésen túli egységközösség segíteni fog abban, hogy még inkább kitárd a ketrecedet.

**A párkapcsolatod ezen értékelése érted van, hogy ne kelljen többé a bántalmazás ketrecében élned. Előnyösebb lehet, ha először egyedül beszélsz valakivel, majd lehetőséget adsz a potenciálisan nagyobb lélegzetvételű beszélgetéseknek a partnereddel.

A SZEX ÉS A PÁRKAPCSOLAT

Rengeteg kihívás merülhet fel a szex és a bántalmazás körül, annál is inkább, ha a bántalmazás, amiben részed volt, szexuális természetű volt. Ha bántalmaztak, az egyik legalapvetőbb dolog, amin rajtakaphatod magad, hogy „eltűnsz" szex közben. A Második fejezetben beszéltünk az elkülönülésről. A szex gyakran kiválthatja az aktus közbeni eltűnésedet – amikor a biztonságos helyedre mész vagy még inkább visszavonulsz a ketrec belsejébe.

Azon kapod magad, hogy eltűnsz szex közben?

Képzeld el az alábbi szituációt, és nézd meg, ismerősen hangzik-e:

A hátadon fekszel, egy sebezhető pozícióban. Ennek élvezetesnek, szórakoztatónak és gyönyörködtetőnek kellene lennie, de történik valami, amitől bekattansz. Ez lehet egy nézés vagy egy elszólás, ami emlékeztet az eredeti behatásra. Az elméd azon nyomban visszateker a múltbeli bántalmazáshoz, az emlékekhez, a küzdj-vagy-menekülj válaszreakcióhoz, és így tovább. Elkezded visszatartani a lélegzetedet. Biztonságosabbnak tűnik, ha elhagyod a tested, és így is teszel, életben hagyva a múlt bántalmazását, hogy ismét lebonyolíthassa a műsort. Elkülönülsz és szétválsz magadtól, de nem adsz hangot annak, ami benned zajlik, leginkább azért, mert vélhetőleg hasonló pozíciót vettél fel, amikor eredetileg bántalmaztak. Ott maradsz, leköveted a mozdulatokat, és a ketrec ajtaja rád záródik. Nagy valószínűséggel semmifajta gyönyörben nincs részed. Ha mégis, az korántsem a mélyen kielégítő fajta. Tetteted persze vagy megjátszod, hogy élvezetes volt. Mindeközben pedig vélhetőleg ezen dolgok egyikét vagy mindegyikét kérdezed magadtól:

- Mi történik?
- Mi a baj velem?
- Fogom valaha élvezni a szexet?

Megosztom veled a perspektívámat mind a négy kérdés esetében.

Mi történik?

Mi történik valójában a bántalmazás ketrecében, amikor így bekattansz? Lényegében a szex gyönyöre és élvezete befogadhatatlanná válik, mivel te és az igényeid láthatatlanokká váltatok.

Megéled mindazt az ítéletet, amit a múltbeli bántalmazásod alatt hoztál.
Megszűntél létezni. Az igényeid korlátok voltak csupán.
Nem számítottak.
Te sem számítottál.

Így hát szex közben nem adsz hangot az igényeidnek, és a partnered igényei válnak a fontosabbakká. Hogy lehet azonban a szex szórakoztató és gyönyörteli, ha ott sem vagy?

Mi a baj velem?

Nincs veled semmi baj. Tudom, hogy rengeteg különböző módon hallottad ezt intellektuálisan, főleg, ha a bántalmazásról van szó. A szex közbeni felszívódás tapasztalata azonban nem egy szégyenteljes valami. Rengetegszer csináltam ezt én is, valamint a klienseim ezrei is. Manapság pedig elképesztően gyönyörteli, radikálisan és orgazmikusan eleven szexuális tapasztalataim vannak. Ez azt jelenti, hogy neked is lehet.

Azonban ha rosszá teszed magad az eltűnés miatt, azzal a ketrecbe zárva tartod magad. Így hát az első lépés, ha ez az automatikus válaszrendszer aktiválódik, hogy adj magadnak egy kis időt. Nincs veled semmi baj, ha felszívódsz szex közben, csak el kell ismerned, mi történt, amitől eltűntél, elkülönültél vagy leváltál. Valaminek történnie kellett, vagy mondott vagy csinált valamit a partnered, esetleg az, ahogy hozzád ért, ami felelevenítette a bántalmazás emlékét. Szóval az első dolog, amit megtehetsz, hogy elismered és beszélsz róla, ám a legtöbben csukva tartjuk a szánkat, rideg és lefagyott testtel – szétválunk energetikailag. Amikor elismered, mi történt, új történetet írhatsz a mostban – nemcsak magaddal és a testeddel, hanem az előtted álló személlyel is (vagy a rajtad, netalántán melletted heverővel!).

Fogom valaha élvezni a szexet?

Ha megengeded az igényeidnek, hogy számítsanak, elkezdheted ismét élvezni a szexet. Ehhez arra van szükség, hogy válaszd magadat, valamint arra, hogy többé ne legyél láthatatlan. Másrészről pedig arra is szükség van, hogy leállítsd az önítélkezés háborúját. Az előző fejezetben beszéltünk a gyönyörközpontjaiddal való újra kapcsolódásról, valamint a testben élés öröméről. Ez egységközösséget jelent a testi tapasztalatok minden szintjén, és nem kizárólag a szexre vonatkozóan.

Hogyan ismerd fel, ha elhagytad a tested szex közben?

Ha mentálisan vagy érzelmileg elhagyod a tested vagy a partnered a szexuális aktus közepén, könnyen lehet, hogy ami addig jó volt, hirtelen nehézzé, szűkössé és sűrűvé válik. Ez az első jele annak, hogy történt valami, ami benyomta a gombjaidat, aminek hatására visszavonultál a láthatatlan ketrecedbe. Észreveheted, hogy ítélkezel magad felett, és olyan gondolataid vannak, hogy: „Légy jelen. Ez a partnered. Nem érzel semmit. Tudja, hogy már nem vagy jelen.".

Ennek alternatívájaként maga a bizonyos testrészedet ért önvád lehet az, ami bekerget a ketrecbe. A partnered megérinti azt a testrészedet, ami számodra kényelmetlen, mint például a csípőd, és elkezdődik a belső dialógus. „Mégis hogy érinthet meg ott? Olyan kövérnek és csúnyának érzem magam.", mindezek hatására pedig nehéznek és beszűkültnek érzed magad azzal kapcsolatban, hogy valaki kíván téged és vágyik rád. Ahogyan egyre távolabbra menekülsz a fejedbe, úgy kezdesz szétválni. Mielőtt pedig észbe kapnál, már csak végzed a mozdulatokat anélkül, hogy jelen lennél.

Nagyobb jelenlétre szert tenni szex közben

Volt valaha olyan, hogy igazán jelen voltál szex közben? Ha igen, bizonyára észrevetted, hogy mennyivel élvezetesebb tapasztalás. Ha pedig nem, előtted a választás, hogy visszavedd a testedet és magadat, hogy mindez lehetségessé váljon a számodra.

Először is el kell ismernünk azt az energiát, ami nem teszi lehetővé, hogy jelen legyünk szexuálisan. Ez egy ébresztő, amely kihoz az alvajáró valóságból. Megváltoztathatod ezt az élettelen energiát azáltal, hogy elismered, megkérdőjelezed, átöleled és megtestesíted. Ez nagyban hasonlít a hullámok meglovaglásához az óceánban. Próbáltad már leküzdeni az óceán hullámait? Mindig ő nyer, te pedig veszítesz. Azonban, ha kibe, ki-be szörfölsz a hullámon, nagyon is jól szórakozhatsz, és a partig lovagolhatod a hullámot.

Ahelyett, hogy megpróbálnád megjavítani magadat, vagy problémának neveznéd magadat, vagy megoldandó problémáid lennének, vagy megítélnéd magad emiatt, mi lenne, ha elkezdenéd elismerni a testedet a jelenlétéért?

Ne feledd, csak azért csinálunk valamit, mert valamilyen előnnyel szolgál. A probléma az, hogy a jótékony hatás a mához képest egy jóval korábbi időben, térben, szituációban és életkorban történt meg. Lényegében tehát a döntés elavult, ám a viselkedés megmaradt.

Ahhoz, hogy túllépj a régi kicsekkolás teréből, el kell kezdened lehetőségként tekintened a tested igényeire ahelyett, hogy korlátozásként látnád őket. A korlátozás az lenne, ha leválnál magadról és folytatnád az aktust, semmit nem téve az ügy érdekében. A lehetőség az lenne, hogy elismernéd az aktus közben, hogy mi történik. Figyelj befelé a testedbe, és nézd meg, hogy van. Sűrű, nehéz és összeszűkült, vagy könnyed, kiterjedő és szabad? Netalántán kicsit mindkettő? Akkor kérdezd meg a testedtől, mire van szüksége ahhoz, hogy megváltoztasd a mintázatot.

ÍRÁSGYAKORLAT: SZEXUÁLIS ÉBERSÉG

Tedd fel magadnak a következő kérdéseket:

Milyen előnyöm származik abból, ha eltűnök szex közben?

Ez hogyan vált előnyömre?

Biztonságban tartott vagy megvédett?

Valamilyen kontrollt adott a kezembe?

Ha kérhetnék valamit ezekben a pillanatokban, mit szeretnék? Vélhetőleg sosem mertél leállítani valakit szex közben, esetleg állandóan így teszel. Mindenesetre, van itt bármi, amit meg szeretnél változtatni? Ha igen, micsoda?

Felébredés

Azáltal, hogy beszélgetést kezdeményezek arról, hogy eltűnsz-e szex közben, valójában arra invitállak, hogy ébredj fel. Úgy értem, ébredj önmagadra. A felébredés magában foglalja azt is, hogy bizonyos szinten ránézz arra, mit választasz – tudatosan vagy tudattalanul –, és megnézd, működik-e neked. Szimplán azáltal, hogy beszélgetésbe elegyedsz magaddal a szexről, elkezded megérteni, mennyire vagy valójában jelen.

Bátorság kérdése, hogy valóban jelen légy és ránézz a szexuális kapcsolatodra az élvezhető másik feleddel, mert ez azt fogja jelenti, hogy a dolgok változhatnak.

Abban vagy inkább érdekelt, hogy a dolgok ugyanúgy maradjanak, vagy jobban érdekel, hogy őszinte legyél magaddal?

Ha azt választod, hogy jelen leszel szex közben, az lehetővé teszi, hogy több szinten élj tudatosabban és autentikusabban. Amikor azt választod, hogy kapcsolódsz szex közben, lehetővé teszed, hogy a szexuális aktus tápláló és megtisztelő legyen a levált és testetlen helyett. A folyamat során véget vetsz a bántalmazás ciklusának. Azt választod, ami a legkedvesebb a testednek, a szexuálisságodnak és a lényednek. És ez a radikálisan eleven élés egyik kulcsa.

Az egyik dolog, amit gyakran mondok azoknak, akikkel dolgozom, hogy kapcsolják össze magukat egy hellyel és idővel: „Oké, ez a férjem, ez a partnerem, délután kettő óra van, szombaton. Ez az az ember, akit szeretek, ezzel az emberrel választom, hogy párkapcsolatban élek." Majd kérdezd meg követlenül a testedtől: „Testem, mi történik veled?"

Ha elkezdesz odafigyelni a testedre és meghallgatni őt, az egy módja annak, hogy az élettelenségen túl a radikális elevenségbe, a robotpilótán túl az összekapcsolódásba, valamint a szenvedésen túl az örömbe juss. Ugyanis abban a pillanatban az történik, hogy szétváltál a férjedtől vagy a partneredtől, elváltál a befogadástól. Ez egy mintázat – a létezés egy módja, ami szétválaszt a befogadás minden szintjétől, legyen szó akár pénzügyi, érzelmi, fizikai vagy szexuális befogadásról.

Összefoglalva: bántalmazottként a párkapcsolati problémák megtapasztalásának két leggyakoribb módja a problémák kitalálása és a szex közbeni felszívódás. Ezek nem kizárólag a bántalmazásból eredhetnek, ám túlnyomó részben jelen vannak bántalmazott emberek életében. Ha több éberségre teszünk szert a problémagyártás kérdésköre körül, valamint ha jobban kapcsolódunk a testhez, amikor elhagyjuk, ahogy korábban is tettük, megoldódhat a kihívás, és ezáltal nagyobb jelenlétre tehetünk szert a párkapcsolatban.

A következő fejezetben feltérképezzük a bántalmazásnak az életünkre gyakorolt harmadik hatását, ami nem más, mint a karrier és a pénz területe.

HETEDIK FEJEZET: PÉNZ ÉS KARRIER

Feltűnt, hogy a bántalmazás megjelenik a vagyonodban, a karrieredben és a pénzügyeidben? Elképzelhető, hogy kevésbé szembetűnő, mint a testedben és a kapcsolataidban, ám még így is jelentős szerepe van. Gyakran a bántalmazás eredményének tartjuk magunkat, és ez közvetlenül kapcsolódik ahhoz, amilyen szinten megengedjük magunknak a befogadást. Megelégszünk azzal, hogy egy főnök, vagy valaki olyan keze alá dolgozunk, aki nem kedves. Lemondunk az álmainkról, mindeközben pedig aláássuk a saját értékünket. Ez mind az önbántalmazás egy formája. Amikor a bántalmazásra gondolunk, hajlamosak vagyunk a fizikai és a szexuális bántalmazásra gondolni, de nemcsak azoknak van viharos kapcsolata a pénzzel, akiket bántalmaztak. Egy kapcsolatban ez egymás bántalmazásának is lehet a módja.

Ebben a fejezetben arra fókuszálunk, hogyan blokkoltad a pénz áramlását az életedbe a programozásnak és a kondicionálásnak köszönhetően. Arra is ránézünk, hogyan hatalmaztál fel másokat arra, hogy bántalmazzanak téged a pénz és a pénzügyek terén.

Bántalmazás a pénz körül

A pénzügyi bántalmazás kissé nehezebben diagnosztizálható. Legtöbbször nem vagyunk tudatában a pénzt körülvevő hiedelmeknek vagy nézőpontoknak, avagy a titkolózásnak és szégyennek, amit cipelünk, ami árnyat vet arra, hogyan kapcsolódunk a pénzhez.

A pénzt körülvevő árny mindig jelen van, a sarokban leselkedik. Nem tudod, mi az – csak „furcsának" és „rossznak" tűnik. Nem vagy teljesen biztos benne, hiszen nem tűnik bántalmazásnak, legalábbis nem olyannak, mint a fizikai vagy szexuális bántalmazás.

A pénzprogramjaid

Talán nem létezik nagyszerűbb manipuláció, mint a pénzhez kapcsolódó manipuláció és kontroll a munkahelyen, családokban, templomokban, szektákban és vallásban. Mindez a kiképzés egy formája, ami bizonyos értelemben korlátozza, beszűkíti és visszafogja a radikálisan eleven lényeket, akik valójában vagyunk. Így kontrollálnak és tanítanak meg minket arra, hogy maradjunk kicsik.

Onnantól kezdve, hogy megszületünk, tudattalanul számtalan elképzelést szippantunk magunkba a pénzről. Azt mondják nekünk, hogy: „A pénz minden rossznak a forrása” és „Addig nyújtózkodj, ameddig a takaród ér”. Gyakran programozva vagyunk rá, hogy ne szárnyaljuk túl a családunk eredményeit. A kulturális programozásunk nagyja arról szól, hogy a középszerűség egy jó dolog, amire törekednünk kell. Aztán ezekhez a tudatalatti programokhoz mérten tengetjük a napjainkat, miközben egy mélyebb részünk tudja, hogy léteznie kell többnek, mint amibe beletörődtünk.

Az egyik rádióműsoromban egy közös adást szerveztem a világhírű üzleti mentorral, Simone Milasasszal. Megkérdeztem tőle, mit lát a legnagyobb akadálynak azokban az emberekben, akiknek segít örömtelibb üzleti kapcsolatokat kialakítani. Kiemelte, hogy a legtöbb ember blokkja az volt, hogy képtelenek voltak túllépni a pénzt körülvevő történetükön.

Mesélt egy barátjáról, aki kifinomult bántalmazásban részesült a pénz körül. A szülei állandóan azon vitatkoztak, hogy: „Nem csinálhatjuk ezt, mivel gyerekünk van”, illetve, hogy „Már nincs pénzünk, mivel gyerekünk van”. Egy egyke gyerekről van szó, aki úgy nőtt fel, hogy aztán egész életében azt gondolta: „A szüleimnek miattam nincs semmi pénze", valamint „Jóvá kell tennem a károkat, amit a születésem okozott".

A műsor idején ez a személy még mindig a szüleivel élt. Inkább azért dolgozott, hogy megpróbálja támogatni őket ahelyett, hogy valójában a saját életét teremtené. Ez egy olyan üzenet volt, amit alattomos módon osztottak neki egész gyerekkorában, és mind a mai napig ezt a történetet éli meg.

Ezek a mintázatok, amiket elsajátítunk, egyfajta biomimetikus mimikrivé válnak. Ha emlékszel a Negyedik fejezetből, ez az, amikor megismételjük, amit tanítottak nekünk. Tovább bántalmazzuk magunkat a pénz körül azáltal, hogy megismételjük a korai programozásunk körülményeit. Arra tanítottak, hogy a tudtunkon kívül modellezzük mások fájdalmát, döntéseit, ítéleteit, útjait és valóságait a pénzzel, ami hatásosan csökkenti a képességünket, hogy a saját valóságunkat válasszuk vele kapcsolatban.

Önmagunk bántalmazása azáltal, hogy nem kérünk pénzt

Nem csak a múlt mintázatai válnak a pénz körüli bántalmazásunkká. Elképzelhető, hogy azáltal bántalmazzuk magunkat, hogy nem kérünk pénzt. Ennek egyik módja az, hogy úgy teszünk, mintha a pénz nem lenne fontos, vagy hogy jól megvagyunk nélküle. Máskor pedig félünk megkövetelni a saját értékünket. Inkább egy kis összeget kérünk el ahelyett, hogy elkérnénk, amit érünk.

Az univerzum oly sok mindent kínál, mi pedig nem is kérünk.

— *SIMONE MILASAS*

Hatalmas különbség van aközött, amire szükséged van ahhoz, hogy megélj belőle, és amire szükséged lenne ahhoz, hogy egy lehetőségekkel teli életet élj. Ez megint csak a múltadra épül. Elképzelhető, hogy leszidtak, amiért kérted azt, amit akartál, vagy megtanították, hogy kicsiben játssz. A kérdés az, hogy:

- *Még mindig ebből a leszidásból élsz?*
- *Még mindig kicsiben játszol és kevesebbet kérsz valami olyasmi miatt, amit valaki más tanított neked?*
- *Mi lenne, ha valóban kérhetnél pénzt, és nem csak annyit, amiből befizeted a számláidat?*

Az interjúnk során Simone azt mondta: „Szerintem sokkal nagyobb értékünk van, mint a számláink befizetése. Neked van értéked, nem a számláknak. Mi lenne, ha elkezdenéd elismerni és értékelni magadat? Az hogy festene?"

ÍRÁSGYAKORLAT: ÉBERSÉG A PÉNZRŐL

Ki mondta neked, hogy nem „kérhetsz többet"?

Kit mimikrizel ennek eredményeképpen?

Mennyit stresszelsz az életedben a pénz miatt?

Látod, hogyan válik ez önkorlátozássá és önbántalmazássá?

A pénzzel kapcsolatos workshopjaimon ezt a három kérdést teszem fel:

- Ki vagy?
- Mi vagy?
- Milyen hazugságot veszel be?

Azt találtam, hogy a pénzprobléma általában véve „befogadási" probléma. Attól függően, hogy mit jelent neked a befogadás, ezeket az elképzeléseket rávetítheted a pénzre (illetve a befogadás más formáira). Példának okáért, elmész kávét szerezni. Éppen a pénzügyeiddel foglalkozol és mindennel kapcsolatban hiányt és szorítást érzel, aminek hatására szűkösen

bánsz a pénzzel. Amikor kifizeted a kávédat, a szokásos
1 dolláros borravaló helyett úgy döntesz, hogy nem
adsz, mert aggaszt a pénz. Ez lehetőséget ad egy poszt-
traumatikus fejlődési pillanatnak, hogy megállj és
megkérdezd magadtól: „Ki vagyok?" (az anyám), „Mi
vagyok?" (szűkölködő), és „Milyen hazugságot veszek
be?" (nincs elég pénzem, így nem adhatok borravalót).
Ha felismered, hogy ez hazugság, akkor már adhatsz is
szabadon borravalót, hogy megtörd a kört.

A PÉNZ KÖRÜLI STRESSZ ÉS DISZKOMFORT

Ha a hitelkártya-tartozás, valamint a pénzhasználat
stresszt hoz létre benned, akkor csak légy rá éber, és
öleld magadhoz. A legtöbb ember nem akar ránézni az
anyagi problémájára vagy éppen a bankszámlájára.
Nem akarják tudni, mennyit kell generálniuk és terem-
teniük minden egyes hónapban. Nem akarnak kitörni
a mókuskerékből. Abba a hitbe zárják magukat, misze-
rint „Ha keresek ennyit, rendben leszek." Azonban
azért, hogy valami változzon, *kényelmetlen* helyzetbe
kell hoznod magad, és ránézned minden aspektusára.
Ha éberré válsz mindenre a pénzzel kapcsolatban,
lehetővé teheted magadnak, hogy jóval a jelenlegi
komfortzónádon túl teremts és generálj.

ÍRÁSGYAKORLAT: HOGYAN BESZÉLSZ A PÉNZRŐL?

Mi történik, amikor arról beszélsz, hogy több pénz megjelenését kéred? Hajlandó vagy befogadni?

Ez a beszélgetés könnyű vagy nehéz a testednek?

Mi történik az energiádban, amikor azt mondod, hogy ezt nem engedheted meg magadnak, vagy nem tudsz menni valahova? Könnyű vagy nehéz ilyenkor a tested?

Mit teremtesz a pénz körül a szavaid és a nyelvezeted által?

Ez valóban választás kérdése, hogy felébredsz és minden szinten leállsz önmagad bántalmazásával, a pénzt is beleértve. Az emberek gyakran mondják nekem, hogy: „Nem olyan egyszerű abbahagyni az önbántalmazást." Valójában az. Könnyű, ha emlékszel rá, hogy minden egy választás, és választod, hogy ráébredsz mindenre, amit csinálsz. Valójában választhatod, hogy megváltoztatod azáltal, hogy észreveszed, mi zajlik odabent, majd abban a pillanatban megállsz és felteszel magadnak ilyesfajta kérdéseket:

- Ez könnyű?
- Ez jó érzés?
- Ez pusztít vagy bántalmaz engem?
- Ez tápláló nekem?
- Ez azt a jövőt teremti, amire vágyom?

A PÉNZ INTIMITÁSA

Mekkora az intimitásod a pénzeddel? Más szavakkal élve, mennyit tudsz a pénzről, amiről úgy teszel, mintha nem tudnád, vagy tagadod, hogy tudod? Amikor megengedjük magunknak, hogy tudjuk, amit valójában tudunk a pénzről, ahelyett, hogy abból működnénk, amit tanítottak nekünk vagy megtanultunk, egy elképesztő bőség áramlása indulhat meg az életünkben és az élésünkben. A bántalmazás ketrecében azonban fix nézőpontokba, korlátokba és hiedelmekbe vagy zárva, mint például: „Hibás árucikk vagyok, selejtes, a befogadásom pedig korlátolt." Ezek a tanult ideák és hitrendszerek valami olyasmivé változtatják a pénzt, aminek szuperereje van feletted, és aminek lehetővé teszed, hogy leértékeljen és lealacsonyítson.

Fontos észrevenni, hogy a tudatosságunk egy, az idők kezdete óta tárolt energia és információ hatalmas gyűjteménye. Egész kultúrák, családok és egyének ragaszkodhatnak korlátozó hiedelmekhez a pénzről és befogadásról akár már a római kortól kezdve. Tisztában vagy az őseid történelmével és nézeteivel a pénzről? A tudatosságunk magával tudja cipelni ezeknek a korai rendszereknek a leértékelését és degradációját. Ennek a megértése felvetheti benned a kérdést, hogy amiben hiszel, valóban a tiéd-e.

„Mocskos" pénz

A kapcsolatunk a pénzzel gyakran önmagunk prostitúciójához vezet. Nem arról beszélek, amikor szexért adjuk el a testünket, hanem arról, hogy pénzért cserébe olyan munkát végzünk, amit nem akarunk. Sok ember találja magát egy olyan munkában vagy karrierben, amit nem élvez, vagy amit a szülei akartak, hogy kövessen, mondván, hogy a pénz jobb, mint „éhező művésznek" lenni. A kérdés már csak az, hogy a munkád beteljesít-e téged? Vagy úgy érzed a nap végén, hogy teljesen lemerültél?

Arról is van nézőpontunk, honnan jön a pénz, és miféle pénzt fogadunk be vagy nem fogadunk be az életünkbe. Ez a pénz napi szintű „taszítását" teremti.

A piszkos pénz, drogos pénz, rossz pénz, jó pénz, tiszta pénz, mind a körül az elképzelés körül forog, hogy bemocskolod magad a pénzzel. Megítéljük magunkat olyasmikért is, hogy mit tartunk elfogadhatónak csinálni pénzért, és mit nem.

— *KASS THOMAS*

ÍRÁSGYAKORLAT: MEGERŐSÍTÉS A PÉNZRŐL

Mindenhol, ahol „eltaszítottam" a pénzt ma, azt most visszavonom és befogadom! Köszönöm! Hálás vagyok és beteljesedett!

Mindenhol, ahol „eltaszítottam" a befogadást ma, azt most visszavonom és befogadom! Köszönöm! Hálás vagyok és beteljesedett!

Mindenhol, ahol „eltaszítottam" az önmagamként létezést ma, azt most visszavonom és befogadom! Köszönöm! Hálás vagyok és beteljesedett!

Ez mind hozzátesz az árnyékunkhoz a pénz körül, ami a láthatatlan ketrecünkbe zárva tart. Amikor nem engedjük meg a pénznek, hogy valuta legyen és folyékonyan áramoljon az életünkben, hajlamosak vagyunk a 4 D viselkedésébe esni – tagadás, védekezés, elkülönülés, leválás – és aztán ez teremti meg a „pénzügyi valóságunkat".

Összefoglalva: számtalan kifinomult és nyilvánvaló módon bántalmazzuk magunkat a pénzzel. Korlátok közé szorítjuk azt, hogy mit hiszünk befogadhatónak, a tapasztalataink és a programozásunk alapján. Olykor leértékeljük magunkat, mert leértékeltek minket bántalmazó szituációkban. Azért, hogy intim kapcsolatba kerüljünk a pénzzel, el kell ismernünk, mi tartozik hozzánk, és mit vettünk be, ami másokhoz tartozik. Éberré válunk rá, hogy amit igaznak gondoltunk a pénzről, valójában egy hazugság, amiben hittünk – mindeközben pedig a szöges ellentétét teremtettük annak, amire valójában vágyunk. Mivel a pénz gyakran egy olyan terület, amiről levágjuk az éberségünket, sokat nyerhetünk azáltal, ha feltérképezzük a vele való kapcsolatunkat, hogy aztán egy más választást tudjunk hozni.

HARMADIK RÉSZ: SZABADULÁS A KETRECBŐL

A BÁNTALMAZÁSON TÚLI ÉS RADIKÁLISAN ELEVEN ÉLÉS

NYOLCADIK FEJEZET: MEGBARÁTKOZNI A BÁNTALMAZÁS KETRECÉVEL

Amikor a ketreccel való megbarátkozásról beszélek, az önmagaddal való összekapcsolódásra utalok egy olyan térből, ami túl van azon az őrületen, ami eleve létrehozta a ketrecet. Megbarátkozni a ketreccel annyit tesz, hogy összekapcsolódsz a szabadsággal, örömmel és lehetőséggel, ami a ketrectől függetlenül létezik. Nem kell semmit visszarendezned ahhoz, hogy kilépj a ketrecből – és az én megközelítésem itt tér el radikálisan attól, amit korábban megtapasztalhattál. Helyette megtanulod majd, hogyan válassz a történteken túlról.

Elsajátíthatod, hogyan válassz a behatás folytatásán túl, felfedezheted, hogyan élj anélkül, hogy hagynád, hogy a veled történtek (akár legyen szó egy egyszeri incidensről vagy események sorozatáról) irányítsák az egész életedet. Én például azt választom, hogy nem engedem meg az engem ért bántalmazásnak, hogy definiáljon engem. Ez egy folyamatban levő eljárás, amiben aktívan megválasztom, hogyan jelenek meg minden egyes pillanatban, ez pedig nagyban eltér a terápiás modelltől. Ez szöges ellentétben áll azzal a hiedelemmel, hogy valami elromlott, amit meg kell javítani, és ha megjavult, akkor megint jól lesz. Hároméves koromban volt egy olyan élményem, amikor is egy rettenetes bántalmazás során a tudatom elhagyta a testem, és csak néztem az édes kis testemet ért durvaságot és erőszakot. Emlékszem, hogy eldöntöttem, nem számít, mit tettek „ők" a testemmel, sosem kaptak el ENGEM, és sosem vehették el a választásomat, hogy ÖNMAGAM legyek. Még most is van választásod – ahogy nekem is volt akkor –, még ha fájdalomban vagy negativitásban is küszködsz. A lény, aki vagy, soha, de soha nem törhet meg. Összetörtnek érezheted magad, de igazándiból sosem törhetsz meg.

Arra a felfedezésre jutottam, mialatt emberek ezreit támogattam világszerte abban, hogy túllépjenek a bántalmazáson, hogy nem tudunk egy gyors javítással kikerülni a ketrecből. Először növelnünk kell az éberségünket – behatároljuk a ketrecet –, ahogyan most tesszük. „Ó, szóval ez az.” – mondják sokan. Szavakba öntünk egy olyan érzést, amit éreztek ugyan, de sosem ismerték el, és rendszerint meg sem nevezték. Gyakran mondom, hogy ez olyan, mintha lenne egy elefánt, aki egyfolytában összeszarja a szobát, és mindenki némán kerülgetné. Nem ignoráljuk többé. Büdös, és itt az idő kezdeni vele valamit.

A könyv hátralevő részében mélyebben elmerülünk az éberségünkben a láthatatlan ketrecről, továbbá eszközöket és gyakorlatokat osztok meg veled, melyek nemcsak növelik az éberségedet, de segítenek abban is, hogy ketrecen túli választásokat hozz.

ÉBERSÉG

Ahogy olvastad a könyv folyamán, az egyik legfőbb eszköz, aminek a használatára buzdítalak, hogy egy ketrecen túli életet élhess, az az éberség. Ez azt jelenti, hogy légy éber rá, amikor a ketrecből működsz, vedd észre azon nyomban, amikor a ketrec beaktiválódik. A rádióműsorom egyik résztvevője kérdezte tőlem: „Mi a különbség az éberség és az óvatosság között?" Ez egy fontos kérdés.

Valószínűleg jól ismered az óvatosság fogalmát. Amikor óvatos vagy, egy hiperéber állapotban működsz a *ketrecen belül.* Ez egy olyan állapot, amiben arra vársz, hogy valaki átverjen. Olyan, mintha riadókészültségben élnéd az életedet.

Az éberség más. Amikor éber vagy, kapcsolatban állsz egy univerzális és végtelen tudatossággal. Semmihez nem igazodsz vagy értesz egyet – és semminek nem állsz ellen és utasítasz el. Más szavakkal élve, nem érzed a nézőpontodhoz kötve magad, és nem érzed a kényszert, hogy megvédd. Egyszerűen csak észreveszed. Megfigyelővé válsz vagy tanúvá, és választod, hogy a legmagasabb, legjobb módon válaszolj rá, ami tőled telik.

ÍRÁSGYAKORLAT: KÖNNYŰ ÉS NEHÉZ

Ahhoz, hogy éberségből válassz, elkezdheted megállapítani, mi könnyű vagy nehéz neked. Ami könnyű érzés neked, az az, amire vágysz, vagy ami igaz számodra, ami pedig nehéz érzés, az nem működik neked vagy éppen hazugság számodra.*

Gondolj valamire, amit akartál, és megkaptad. Milyen érzés volt, amikor megkaptad?

Most pedig gondolj egy helyzetre, amit meg szeretnél változtatni. Milyen érzést kelt a testedben, amikor felidézed?

Készíts leltárt az emberekről és tevékenységekről az életedben, és figyeld meg, milyen érzés tölt el, amikor rájuk gondolsz.

Vélhetőleg jobban ismered a ketrec sarkait, mint a szabadságot és lehetőséget.

- Mi lenne, ha minden pillanatban az éberséget választanád?
- Mennyire lenne más a világod?
- Mi lenne, ha a zsibbadás és kicsekkolás helyett azt választanád, hogy nagyon is éberré válsz arra, mi folyik itt?
- Mi neked a szabadság?
- Honnan fogod tudni, hogy szabad vagy?

Van még egy fontos tényezője annak, ha elkezded növelni az éberségedet, ami nem más, mint egy ítéletmentes térből vizsgálni a ketrecet. Tartsd észben, hogy a korlátozás és hiány, amiből a ketrec felépült, annak idején valós volt, egyszerűen csak azóta is ebben élsz, mert ez volt az egyetlen, amiről tudtad, hogyan kell csinálni. Most pedig felfedezed, hogy van választásod, és hogy választhatod, hogy ebből az új éberségből teremted az életedet.

ÍRÁSGYAKORLAT: A KETRECED MEGISMERÉSE

Vedd észre, amikor a ketrecben vagy, anélkül, hogy elvesznél a formájában vagy felépítésében, és tedd fel magadnak a következő kérdéseket anélkül, hogy válaszokat „keresnél" rájuk. Csak légy nyitott rá, hogy kapj egyet.

Ez tápláló nekem?

Mi kellene ahhoz, hogy megváltoztassam ezt?

Mi lehetek, mit tehetek, birtokolhatok, generálhatok vagy teremthetek ma, ami azonnal megváltoztatná ezt?

Ezt követően elegyedj beszélgetésbe a ketreccel: „Tudom, hogy próbálsz megvédeni. A legjobbat nyújtottad, amit annak idején tudtál. A szövetségesem vagy, aki segíteni próbál."

Kérdezd meg magadtól: „Ez élvezetes számomra? Mi lehetek, mit tehetek, birtokolhatok, generálhatok vagy teremthetek, ami élvezetes *lenne* nekem?" Aztán TEDD

MEG! A választás és a szabadság mostantól a valóságoddá válik.

Ne feledd, ez egy folyamatban levő eljárás, nem egy egyszeri gyakorlat. Valószínű, hogy meg kell ismételned még párszor. Amire egyik pillanatban szükséged van ahhoz, hogy a ketrecen túl élj, merőben más lehet a következő pillanatban. Ahogy elkezded lebontani, a ketrecnek különböző aspektusai kerülnek a felszínre. A kulcs az, hogy figyelj oda, amikor a ketrecben találod magad, aztán pedig válassz mást, ami lehetővé teszi, hogy azon túl élj.

TUDÁS, LÉTEZÉS ÉS ÉRZÉKELÉS

Számtalan betelefonáló kérdezte tőlem a rádióműsoromban, hogy hogyan „verekedhetnék ki magukat" a bántalmazás ketrecéből. A hiedelmet, hogy ki kell verekedned magad a ketrecből, az eredeti tapasztalat energiája generálja, amire még mindig rá vagy hangolódva. Senki nem fog verekedés által kikerülni a bántalmazás ketrecéből, csupán még többet hoz létre belőle. Valójában ez valami másnak a létezéséről, tudásáról és érzékeléséről szól. Arról, hogy túllépj a hitrendszereken, amiket rád kényszerítettek, és amik sosem tartoztak hozzád. Igen, elképzelhető, hogy tudat alatt magadévá tetted őket, de hacsak nem választod őket, valójában nem a tieid. Amikor megpróbálod kiverekedni magad a ketrecből, ugyanabból a romboló energiából működsz, mint amiből teremtve lett. És nem vagy önmagad barátja, amikor így teszel.

Azt is mondták klienseim, hogy „Egyszerűen nem jutok a ketrec aljára." Szeretnék tisztázni valamit: attól még, hogy egy ketrec metaforáját használjuk, és vélhetőleg egy háromdimenziós valamiként képzeled el, valójában nincs feneke a ketrecnek. Az a kikövetkeztetés, hogy olyasminek látod, aminek „a mélyére kell ásnom", épp belezárva tart. Ha formát, struktúrát és jelentőséget társítasz a ketrechez, azzal még többet hozol létre belőle. Ha így nézed, akkor abból a régi paradigmából működsz, miszerint meg kell javítanod valamit vagy a mélyére ásnod ahhoz, hogy meggyógyulj.

Még ha fel is merül a gyász, ahogy elkezdesz túllépni a ketrecen, ha éber maradsz, esélyes, hogy rájössz, hogy a gyász alatt öröm bujkál. Elmorzsolhatsz könnyeket, de a kieresztett könnyek valójában a körülötted megolvadó rácsok. A választás megteremti azt a szabadságot az adott pillanatban, amiről mindig is tudtad, hogy létezik.

Összefoglalva: megneveztük azt, ami valószínűleg évekig, netalántán évtizedekig tartott fogva téged némán. Esélyes, hogy az érzékelésed egésze elkezd átalakulni, ahogy ráébredsz a mintázatokra és programozásokra, amikről korábban azt hitted, „te" vagy, és rájössz, hogy mindez valójában a ketrec terméke. A könyv során továbbra is folytatjuk a láthatatlan ketrec felfedezését, valamint módokat találunk rá, hogy túllépj rajta.

KILENCEDIK FEJEZET: EGY FORRADALMI BESZÉLGETÉS A REMÉNYRŐL

Ha bántalmazásban éltél, elképzelhető, hogy hozzászoktál a remény nélküli élethez. Az én vágyam, hogy forradalmi üzeneteket hozzak a reményről mindazoknak, akik bántalmazásban részesültek, hogy túlléphessenek a tapasztalataikon. A munkám során arra a felfedezésre jutottam, hogy sok ember van a világon, akik mélyen belül egy új beszélgetésre vágynak a lehetőségről.

Egy radikális változást követelek abban, ahogy a világ a bántalmazást nézi, érzékeli és tapasztalja. Nem veszem ezt a szerepet félvállról. Őszintén hiszek benne, hogy az a mennyiségű fizikai, érzelmi és szexuális bántalmazás, amit én megtapasztaltam ebben az életben, az egyenes út volt ahhoz, hogy segédkezzek a bántalmazás felszámolásában.

Ebben a fejezetben tehát szeretném megindítani ezt a forradalmi beszélgetést a reményről, ami egy új paradigmához vezet, ami átalakítja a bántalmazást mind benned, mind pedig az egész világon.

Bármin túl

Az idők során számtalan programot fejlesztettem ki erre a célra, beleértve az Éld meg az ÜVÖLTÉSED – azaz a „Radikálisan orgazmikus, eleven valóságodat" című. A kulcsfogalom ez esetben a „bármin túl". Ez alatt azt értem, hogy bárminek a paraméterein túl tudunk jutni, ami valaha meg lett határozva.

Vizsgáljunk meg pár elvet, ami a Living Your ROAR-ba (Éld meg az ÜVÖLTÉSED) tartozik – és hogy mit jelent valójában a „bármin túl", pillanatról pillanatra:

- A ketrec elismerése, amiben eddig éltél, és ami a bántalmazás, alkalmatlanság és korlátozás soha véget nem érő történetében tartott
- Elismerni, hogy képes vagy létrehozni egy új valóságot, és választani, hogy levedled a struktúrákat és hazugságokat, melyek ezidáig a ketrecben tartottak
- Hajlandónak lenni forradalmi változást létrehozni az életedben, hogy radikálisan elevenen élhess a bántalmazás ketrecén túl

- Olyan döntéseket hozni, amelyek könnyűek és igazak számodra (még ha ezért mások meg is ítélnek)
- Korlátlan életet teremteni magadnak, amely lehetőségekkel és élvezettel teli
- Teljesen éberséggel és jelenléttel kiállni, és élni az életedet
- Önmagadat választani minden pillanatban, és az alapján teremteni az életedet, hogy mi élvezetes és tápláló számodra

Ez a munka egy mély elköteleződést igényel önmagad felé, egy amolyan vadságot, a legpozitívabb értelemben, ami előhozza a legpotensebb jelenlétedet.

„Bármin túl" azt jelenti, hogy választasz, attól függetlenül, ki lép le, mi hal meg vagy ér véget, milyen kapcsolatot engedsz el, milyen üzletet vagy karriert váltasz le, illetve ki vagy mi ereszt el téged.

Amikor belelépsz önmagad felfedezésének és visszaszerzésének folyamatába, az élet, ahogy ismered, teljesen megváltozik. Az egyik kliensemnek a „bármin túli" élet azt jelentette, hogy olyan döntéseket hozzon a karrierjében, ami a közös munkánk elején meglévő évi 20.000 dolláros bevételtől néhány év alatt 244.000 dollárig vitte. Az ő szavaival élve kihívás volt a folyamat, de az eredmények hajtották előre.

A munkám a világ minden tájára elrepít, de függetlenül attól, hogy otthon vagyok vagy úton, folyamatosan dolgozom a saját tudatosságomon és éberségemen a rendelkezésemre álló eszközökkel. Amikor másokat facilitálok a személyes növekedésükben éppúgy, mint szakmai átalakulásukban, azzal egyidőben ugyanezt teszem magammal is. Szeretném azt mondani, hogy ez az esetek 100%-ában teljes könnyedséggel jön, de az valójában nem lenne igaz. Alaposan besározza ezt egy jó nagy adag fizikai fájdalom és régi traumák fellángolása a testemben. Megértettem, hogy az életem során olyan dolgok felé nyúltam, amik mindenen túl voltak, amiért valaha nyújtóztam azelőtt, valamint túl a saját referenciapontjaimon. És bár ez kényelmetlen és intenzív tud lenni, ez mégiscsak egy választás, hogy elismerj bármilyen felmerülő korlátot, intenzitást és fájdalmat. Választás kérdése elengedni a korlátozásokat, amik által meghatároztuk magunkat és az életünket. A választás mindig adott:

- Választom a könnyedséget és az örömöt, bármin túl?
- Választom az új lehetőség energiáját, terét és tudatosságát magamnak?

- Választok, túl a nehézségen és fájdalmon, szenvedésen, traumán, drámán és küszködésen?
- Minek van kiterjedő és szórakoztató érzése számodra?
- Minek van nehéz és baljós érzete?
- Mi az előnye annak, ha nehéznek és baljósnak érzed magad?

A testednek megvan a képessége rá, hogy elmondja neked ezeket a dolgokat, ám ha nem vagy hozzászokva, hogy kikéred a véleményét, ez idegennek hathat neked. Minél többet gyakorlod ezt a fajta éberséget, annál könnyebbé és kényelmesebbé válik.

ÍRÁSGYAKORLAT: ÚJ VÁLASZTÁSOK

Mi az az egy választás, amit meghozhatnál most azonnal, amitől távol tartottad magadat, ami az örömbe és könnyedségbe mozdítana téged? Hogyan nézne ki számodra ez az új lehetőség?

ESETTANULMÁNY – CLIVE

Clive részt vett a Radikális elevenség a bántalmazáson túl egynapos workshopomon Ausztráliában. A hatvanas éveiben járt, és soha nem beszélt a szexuális bántalmazásáról. 10 éven át erőszakolta és szodomizálta a nagyapja fiatal serdülőkorától egészen a húszas évei elejéig, és ezt titokban tartotta. Egyedül egy embernek beszélt erről azelőtt, hogy besétált volna a workshopomra Ausztráliában. Soha nem vett részt semmilyen terápián.

Amikor Clive-ot facilitáltam, az teljes egészében 45 percig tartott, az összes résztvevő előtt. A nap elején azt mondta: „Nem tudom pontosan, miért vagyok itt. Nem tudom biztosan, mit kapok azáltal, hogy itt vagyok, de tudtam, hogy el kell jönnöm." Ahogy kimondta ezt, tudtam, hogy ha megengedi, hogy facilitáljam, a változás azon nyomban elindul.

Ez azon élmények egyike volt, amikor is szinte lövöldöztünk egymásra, kérdések és válaszok egy ping-pong meccset idézve száguldottak oda-vissza közöttünk. Olyan volt, mintha a testében valami azt mondta volna: „Kérlek, szedd ki ezt a testemből. Hadd beszéljek erről. Nem akarom már ezt."

Kérdések, válaszok, az eszközök és technikák alkalmazásával, valamint a trauma és bántalmazás terén végzett képzettségem és gyakorlatom által képes voltam Clive-ot az önmagában létezés egy olyan terébe facilitálni, ami túl volt a szavakon. A kezelés végére egy gyönyörű, ártatlan, fiatal fiúnak nézett ki, aki épp most szabadult meg korszakok és életek fájdalmától, traumájától, nehézségétől és súlyától abból a 10 évből, ahol megerőszakolták és szodomizálták. Amikor erre a kezelésre reflektálok, a szépségére emlékszem, nem pedig a fájdalmára. Kevesebb, mint 45 perc alatt felszabadult valami, amit valaki évtizedeken át cipelt a testében.

Amikor nyitottak vagyunk az elengedésre, a megfelelő eszközökkel, valamint a helyes facilitálással óriási mértékekben tudunk változni, akár rövid idő alatt is. A reménytelenség azonban bezár a bántalmazás ketrecébe. Clive úgy jelent meg a kurzuson, hogy semmit nem tudott róla, de tisztában volt vele, hogy túl akar lépni a bántalmazáson, és meglepte magát egy ajándékkal a folyamat során. Azt mondta, hogy most olyan szabadságot és teret tapasztal, ami túlszárnyal mindent, amit valaha elképzelt.

BEFOGADÁS

Egy bántalmazáson túli élet azt jelenti, hogy megengeded magadnak a nagyobb befogadást, ám sokan kérdezik, hogyan kell ezt csinálni. Itt a válaszom: ez olyan, mint biciklizni vagy edzőterembe járni. Ez egy izom, amit folyamatosan nyújtanod kell. Ez egy olyan élmény, amihez elsőre nem árt egy kis segítség. Vannak dolgok, amiket nagyon jól befogadok most, de meg kellett tanulnom, ehhez pedig gyakorolnom kellett a befogadást.

A befogadás gondolata elferdül a bántalmazottak szemében. Az én esetemben például, amiről azt gondoltam, hogy befogadás, valójában az volt, hogy valaki ítélkezett felettem, vagy közölte, hogy „b*szódjak meg". Azt gondoltam befogadásnak, amikor valaki annyira lenézett, hogy hülyének nevezett vagy egyéb degradáló becenéven hívott, mint amin a családom is. Azt gondoltam befogadásnak, amikor megerőszakoltak vagy szexuálisan bántalmaztak, vagy csúfoltak a súlyom miatt. Ezt jelentette nekem a befogadás, és sokáig erre alapoztam a valóságomat. Szóval hogyan tanulhatsz meg befogadni, amikor az érzékelésed eltorzult körülötte?

Ha könnyű, akkor helyes

A befogadásnak van egy aranyszabálya:

Ha könnyű, akkor helyes.

Ha a testedben bármiféle intenzitás, nehézség, sűrűség vagy összeszűkülés van, ha ásítasz, leválsz vagy el akarsz menekülni az adott embertől, akkor ott valami olyasmi történik, ami nem befogadás. Például amikor valaki megpróbál rád erőltetni valamit, amit nem akarsz. Van választásod abban a pillanatban, hogy fogadd, mi könnyű és helyes számodra. Vess véget bárminek, ami nehéz és sűrű. Ez az első és legfontosabb teendő a befogadás során.

Igyekezz többet befogadni

A befogadás második leckéje az, hogy megnyitod magad a feltételezett határaidon túlra. Képzeld el, hogy igyekszel több szeretetet és törődést befogadni a tested minden izmával, ínszalagjával, sejtjével, ínjával, szervével és rendszerével – még ha hallod is azt a régi ismerős hangot, ami azt mondja, hogy nem érdemled meg, vagy hogy ez nem neked való. Ez nem más, mint a nagyobb befogadás gyakorlása. Ez teljesen különbözik a régi energetikai mintázatoktól, mint például a rászorultság, illetve a másoktól való elvevés. Számomra ez gyakran arról szól, hogy bízzak benne, hogy a befogadás nem fog ellenem fordulni, mint oly sokszor a múltam során. Amikor traumával tarkított a múltunk, elképzelhető, hogy egy kis extra munkába kerül, hogy befogadjuk a számunkra elérhető szeretetet, azonban megéri. A befogadás egy olyan ajándék, amit te és a tested is megérdemeltek.

Ha jelenleg nem élsz párkapcsolatban, más dolgokkal is gyakorolhatod a befogadást, mint például a pénz, étel, testmozgás, vagy a saját tested kapcsán. Számtalan módja van annak, hogy befogadásra késztessük magunkat:

- Elmenni sétálni
- Kivenni egy szabadnapot, hogy törődj magaddal
- Elmenni masszázsra
- Megvenni valamit, amire van pénzed, de megtagadtad magadtól
- Egészséges ennivalót összeütni magadnak
- Belekezdeni egy olyan hobbiba, ami érdekel

Ezek mind a befogadás módjai, és a könyvben található többi gyakorlathoz hasonlóan ezek sem egyszeri erőfeszítést igényelnek.

- Hogyan tudnál minden egyes nap többet befogadni?
- És hogyan tudnál megnyílni ebben a pillanatban, hogy teljes egészében befogadd a számodra elérhető ajándékokat?
- Mi lenne, ha csak ma elhagynád a ketrecedet, és megszabadulnál a láthatatlan tarajos sülödtől?
- Mi lenne, ha csak ma megnyílnál az univerzumnak, hogy mutasson neked valami nagyszerűt?

Összefoglalva: egy új módra nyílunk meg, amivel átlendülhetünk a bántalmazáson, és egy új, forradalmi beszélgetést indítunk az átalakulás reményében. Ebben a fejezetben belekóstoltunk ebbe a beszélgetésbe, és a következő fejezetekben további praktikus eszközöket sajátíthatsz el, ami lehetővé teszi, hogy a puszta beszélgetésen túl ez olyasmivé alakulhasson, amit még tovább aktualizálhatsz az életedben.

TIZEDIK FEJEZET: A VÁLTOZÁS ESZKÖZEI

Önmagad kiszabadítása a bántalmazás láthatatlan ketrecéből egy folyamat. Ez nem egy egyalkalmas szereplés vagy egy trükkel megoldható valami, akármennyire is szeretnénk azt hinni. Néhány terápia azt állítja, hogy ez így van, ám ez egy gyógyulási mítosz, amit elhitettek velünk. Sokan vártunk már arra a pillanatra. Tapasztalatom alapján azonban ez nem így működik, gyakran teszel egy lépést kifelé, majd visszahátrálsz a ketrecbe. Így hát, mielőtt folytatnánk, szeretnék biztosra menni abban, hogy megszüntetsz minden rosszaságot magadról a személyes gyógyulásod útját illetően. Ha meg tudod engedni magadnak, hogy visszavonulj a ketrecbe, és nem ítélkezésből működsz, amikor így teszel, az egész utazás sokkal kíméletesebb lesz.

NYELVEZETET TALÁLNI A BÁNTALMAZÁSNAK

Úgy találtam, hogy az egyik módja, hogy elkezdj túllépni a bántalmazás ketrecén, hogy olyan beszélgetésbe elegyedj, ami lehetővé teszi számodra, hogy túltedd magad a történtekhez kapcsolódó szégyenen. A pszichológiában van egy olyan kifejezés, hogy „alexitímia". Ez az a jelenség, amikor valaki képtelen beazonosítani a szavakat és érzéseket, amik a bántalmazás tapasztalatára utalnak. Hányszor kaptad azon magad, hogy kinyitottad a szád, hogy beszélj róla, de nem jöttek ki rajta szavak? Ez az a részed, ami képtelen kifejezni és artikulálni a tapasztalatodat – a hang, ami képes kivezetni a ketrecből.

A VÁLASZTÁS 3 SZAKASZA

Egy ideje már vélhetőleg együtt élsz a bántalmazás történetével. A következő lépés, hogy valóban *felismerd,* hogy együtt élsz a bántalmazás történetével. Az ezt követő lépés pedig az, hogy *ne definiáld* magad többé a történtek fényében. Ez a folyamat valahogy így fog festeni:

1. Nem tudtam, hogy van más választásom.

2. Rájöttem, hogy van más választásom, de nem tudtam, hogyan tegyem meg.

3. Láttam, hogy van más választásom, és cselekedtem.

Ebben a könyvben a harmadik lépésre fókuszálunk. Ez az, ami során kilépünk a ketrecből, egyenesen a radikális elevenségbe.

A BÁNTALMAZÁS ELÉ NÉZNI

A bántalmazás gyógyításának az egyik kulcseleme, hogy emlékezz, milyen voltál azelőtt, hogy megtörtént a bántalmazás, amihez emlékezetre és képzelőerőre is szükséged lehet. Azért mondom, hogy mindkettőre, mert attól függően, hány éves voltál, amikor bántalmaztak, lehetnek kristálytiszta emlékeid arról, milyen voltál. Néha azonban használnunk kell a képzelőerőnket, hogy elképzeljük, kik voltunk. Ha erre képes vagy, elkezdhetsz új emlékeket csatolni ahhoz, milyen érzés a testednek a biztonság és a szeretet.

A workshopjaimon megkérem az embereket, hogy menjenek vissza térben és időben egészen azelőttig, hogy a bántalmazás megtörtént, és abból a térből társalogjanak a testük molekuláival. Ez azt jelenti, hogy molekuláris szinten emlékszel magadra akként a csodálatos lényként, aki a bántalmazás előtt voltál. El szeretnélek vinni azelőttre, hogy meggyaláztak, és mielőtt a ketrec a helyére került és elkezdtél a belsejéből, az eltorzult valóságnézetéből élni. Ez az a hely, ami azelőtt volt, hogy a tagadás, védekezés, elkülönülés és leválás lett a tested tüzelőanyaga. Ez az a hely, ami megelőzte az automatikus válaszrendszereidből és a riadókészültségedből való működésedet.

Az az igazság, hogy van egy tökéletességed, ami a jelenlegi önképeden kívül létezik. Nem arról a tökéletességről beszélek, amiben mindent helyesen csinálsz. Arról a tökéletességről beszélek, amiben az érzékelt hibáidon túl látod magadat. Arról beszélek, hogy az egység teréből élsz az elkülönülés tere helyett. Arról beszélek, hogy azzal a tudással jelensz meg a világban, hogy az univerzum támogat téged. Még akkor is, ha azt mondod, ez sosem volt meg neked, meg foglak kérni rá, hogy lépj túl azon, hogy ez „nem megy" vagy „nem fogok" vagy „ez mindenkivel megtörténik, de velem nem".

A Negyedik fejezetben beszéltünk a biomimetikus mimikriről és mindazon módokról, ahogy sajátodként átvetted más emberek fájdalmát. Mostanáig ez egy buborék volt körülötted. A valódi egységközösség nem más, mint visszatérni a testedben arra a helyre és időre, ami emlékszik rád, a buborékon túl. Emlékszik rá, milyen érzés a szeretet, elfogadás, nyugalom, táplálás, biztonság és kapcsolódás. Ez egy dinamikus tér a testedben, ami együtt vibrál és lüktet – *táncol* – az egységgel, szabadsággal, térrel és tudatossággal.

Engedd meg magadnak, hogy bízz az örömben és átöleld.

Észreveszed majd, hogy mindennel táncolsz.

— RALPH WALDO EMERSON

Ez nem más, mint a tudása, létezése, érzékelése és befogadása annak a csodás lénynek, aki valójában vagy. Ez egy mély tudás, miszerint semmi baj nincs veled, és soha nem is volt. Az egyetlen dolog, ami valóban rossz, hogy a bebörtönzés, fájdalom és trauma történetében éltél, ami hatásosan beágyazott téged a bántalmazás láthatatlan ketrecébe. Ami rossz, az a leválásod a gyönyörű énedről, ami emlékszik a valódi, lényegi természetedre, és abból él.

ESETTANULMÁNY — EMMA

Amikor Emmával dolgoztam, megkérdeztem tőle, milyen volt a testében a bántalmazás előtt. Szabadnak, játékosnak és képzeletgazdagnak jellemezte. Emlékezett rá, mennyire kreatív és erőteljes volt akkoriban.

Gyerekként úgy érezte, varázslat izzott az ujjai hegyén, és bármit megtehetett, amit csak megálmodott abból a térből. Jelen volt egy gyermeki ártatlanság.

Ahogy molekuláris szinten, még teljesebben ebbe a térbe mozdult, úgy érezte, szabadon futhat. Emlékezett, hogy a világon semmi gondja nem volt. Bármit megteremthetett vagy generálhatott, amit csak akart. Mindezt valóban érezte, valóban megtapasztalta, ez pedig egy ennek megfelelő változást hozott a testével való kapcsolatában.

Kulcsfontosságú megérteni, hogy a molekulák, amikkel társalogsz, léteztek a bántalmazás előtt. Sosem tűntek el, és sosem vették el őket tőled. Amikor nem értjük ezt, azt gondoljuk, hogy meg kell találnunk valamit, amit elvesztettünk. Semmi nem veszett el. Egyszerűen csak el lettek rejtve a bántalmazás története alá, valamint minden alá, amit a bántalmazás eredményeképpen eldöntöttél – beleértve az elképzeléseidet, hogy hogyan éld túl, gyógyítsd meg és változtasd meg.

ENERGIAGYAKORLAT: EGYSÉGKÖZÖSSÉG A MOLEKULÁKKAL

Engedd meg magadnak, hogy legalább egy olyan pillanathoz visszasodródj, amikor a tested a nyugalom, táplálás, biztonság, szeretet és elfogadás terében élt. Ez a valódi egységközösség tere, ahol tisztában vagy vele, hogy az univerzum mögötted áll, és mindig szeretni és támogatni akar, valamint adni neked.

Hangosan nevezz meg egy időt, életkort és helyet, mielőtt a bántalmazás megtörtént. Ahhoz, hogy eljuss a bántalmazást megelőző és túlszárnyaló egységközösség terébe, bele kell nyújtóznod annak a lehetőségébe, hogy létezett egy tér a történtek előtt.

Tedd lehetővé a testednek, hogy jobban beletáguljon ebbe az érzésbe. Ezek után végezz egy olyan tevékenységet, ami illik ehhez az érzéshez. Ez lehet annyira egyszerű, mint egy forró fürdőt venni, meggyújtani egy gyertyát, meghallgatni egy zenét, sétálni egyet a természetben vagy játszani a kisállatoddal.

Azt javaslom, hogy legalább naponta egyszer végezd el ezt a gyakorlatot. Figyeld meg, van-e változás az energiádban a gyakorlat végzése során: érzel egy hűvös fuvallatot vagy könnyedséget? Ha a változás egy enyhe érzete is jelen van, akkor megtapasztalod az egységközösséget, a bántalmazás előttről a bántalmazáson túlra.

A bántalmazás gyógyítása ez alatt az új modell alatt magába foglalja a választást, habár elsőre lehetetlennek tűnhet számodra a választás, hogy azáltal lépj túl a bántalmazáson, hogy visszamész azelőttre, hogy megtörtént. A bántalmazás története nagyon régóta ott van, elképzelhető, hogy sosem éltél nélküle. Szükség lehet egy radikális perspektívaváltásra, hogy egyáltalán fontolóra vedd, hogy túllépj rajta.

ÍRÁSGYAKORLAT: MÁSKÉPP VÁLASZTANI

Láttad az *Idétlen időkig* című filmet, amelyben a főszereplő újra meg újra átéli ugyanazt a napot? Te hogyan éled át újra meg újra ugyanazt a napot?

Mi kellene hozzá, hogy mindezen túl válassz? Hogyan választhatnál másképp?

A ketrecen való túllépés része a felismerés, hogy több vagy a bántalmazásodnál. Van egy éned, ami elkülönül a bántalmazástól és a bántalmazótól. Van egy éned túl mindenen, ami valaha történt veled. És ez csak egy választás, hogy túllépj bármin, amit valaha eldöntöttél ennek hatására. Ez lehetővé teszi a bántalmazásnak, hogy kispadra kerüljön, és legyen tered, hogy a saját valóságodat teremtsd és generáld.

A következő hét lépés ebben a folyamatban fog támogatni, hogy eltérőként és különállóként határozhasd meg a saját valóságodat. Ne feledd, hogy minden egyes lépés egymásra épül, szóval ne azt várd magadtól, hogy majd „bevásárlólistaként" kipipálod őket. Nem ez a

lényeg. Minden egyes lépés az éberséged egy fény-
pontja, ami több választást ad neked, hogy haladhass
önmagad felszabadításának az útján.

Első lépés: Ismerd el a ketrecedet és a tényt, hogy ez
nem működik neked.

Második lépés: Válaszd, hogy ránézel a ketrecedre,
ahelyett, hogy letagadod vagy megvéded.

Harmadik lépés: Válaszd, hogy elengeded. Döntsd el,
hogy meg fogod változtatni.

Negyedik lépés: Szerezz segítséget, és oszd meg a
történetedet. Ne feledd, ez más, mint amikor
megosztod a fájdalmadat. Keress inkább olyasvalakit,
aki megerősít téged, és akivel megoszthatod: „Ez van
most velem, hogyan tudnék túllépni rajta?" Támoga-
tással elkezdheted felépíteni a benned rejlő éberséget.

Ötödik lépés: Kapcsolódj össze a kreatív kapacitá-
soddal azáltal, hogy felidézed vagy elképzeled, milyen
volt azelőtt, hogy bántalmaztak. Volt – és van is –
benned valami varázslatos, amit elfedett a bántalmazás
története.

Hatodik lépés: Légy hajlandó szabadjára engedni a
zsenialitásodat! Vállald a kockázatot, hogy új terüle-
tekbe, projektekbe, valamint a létezés új módjaiba
veted magad!

Hetedik lépés: Légy önmagad – valós, nyers, vágatlan, cenzúrázatlan. Itt élsz, túl a történeteden, túl a múltadon, túl a valóságodon.

ÍRÁSGYAKORLAT: MIRE VAGYOK ÉBER?

Térképezd fel a következő kérdéseket:

Milyen éberséggel rendelkezem már, amit nem ismerek el, és ami most azonnal megváltoztatná a valóságomat?

Mire vagyok éber a bántalmazás előttről? Milyen volt önmagamnak lenni?

Mit szeretnék most teremteni?

Mit választhatok most, ami túllendít a bántalmazás régi történetén, és inspirál egy más lehetőségre?

Összefoglalva: felfedeztük a változás különféle eszközeit, amikkel nagyszerűbb éberséget építhetsz fel a valódi énedről – arról az énedről, amit sosem bántottak azok a dolgok, amik megtörténtek veled; amit maga alá temetett a bántalmazásod története. Ez az éned – a varázslatos te – csak az elismerésedre vár. Ez a kezedbe adja a választás hatalmát a jelen pillanatban. Most már választod, hogy radikálisan eleven legyél.

TIZENEGYEDIK FEJEZET: A TUDATALATTI OPERÁCIÓS RENDSZERED FRISSÍTÉSE

Észrevetted, mi történik, amikor nem frissíted az operációs rendszert a számítógépeden? A régi, elavult és hibás fájlok komolyan akadályozhatják a számítógéped teljesítményét. Ugyanez a helyzet a tudatalattiddal is.

Számtalan kondicionált válaszrendszer alapul olyan hiedelmekre, amelyek a testünkbe lettek ágyazva és zárva a bántalmazás vagy trauma során, így aztán hirtelen minden szituáció egy aktiváló ponttá és reakcióvá válhat a válasz és a választás helyett. Amikor frissíted a tudatalatti programozásod, elengeded a múltat, hogy a jelenben tudj teremteni és generálni.

Kitörni a hazugságokból

Nagyon is tisztába kell kerülnöd azzal, hogy a saját pszichológiád, gondolkodásmódod és hitrendszereid hozzák létre a legnagyobb hazugságokat és kihívásokat számodra. Olyan szabályokat és viselkedésmintákat állítanak fel, amelyek nemcsak, hogy még inkább leválasztanak arról, aki vagy, és az életről, amit szabadon választanál, de még arra is hatással vannak, ahogyan a külső valóság megjelenik számodra. Ez egy önbeteljesítő tapasztalássá válik, ami „bebizonyítja", hogy sosem élhetsz a bántalmazáson túl, és hogy sosem leszel az az erős, zseniális, fenomenális lény, aki valójában vagy.

A kérdés az, hogy:

- Még mennyi bántalmazást kell létrehoznod és megszenvedned?
- Mikor lesz elég az elég?
- Mikor fogod azt választani, hogy többé nem azokon a hazugságokon keresztül élsz, amiket megtanultál a valóságodként megtestesíteni?

ÍRÁSGYAKORLAT: ÉBERRÉ VÁLNI A HAZUGSÁGOKRA

Írj le 10 dolgot most rögtön, amiről tudod, hogy hazugságokra alapozva teremtetted az életedben. Vizsgáld meg őket a tested, a pénzügyeid, a párkapcsolatod, a karriered vagy munkád perspektívájából; azt, ahogy magaddal beszélsz, ahogy kapcsolatba lépsz magaddal és másokkal.

Ne feledd, ez egy éberségi gyakorlat, nem önítélkezés.

Önmagad és mások megítélésén túl

Amikor megítéled magad, azzal még mélyebbre zárod magad a saját rosszaságodban. Valamilyen oknál fogva nagyon megnyugtató tudni, mennyire hibás vagy, mennyire rossz, szörnyű, és így tovább. Márpedig ez a *valódi* világjárvány, ami a további bántalmazás táptalaja. Továbbá ez benne tart egy mintázatban, ami garantálja, hogy soha nem kell többnek lenned, mint ami most vagy.

ÍRÁSGYAKORLAT: MEGVIZSGÁLNI AZ ÍTÉLETET

Mennyi ítéleted van önmagad rosszaságáról és hibásságáról?

Mennyi ítéleted van magadról, mint „hibás árucikk", vagy olyasvalaki, aki megtört?

Hány ilyen ítéletből hoztál létre egy „tartalék" tervet, hogy soha ne mozdulj ki a bántalmazásból, és mindig visszatérj annak a kényelmébe és biztonságába, amit ismersz?

Figyeld meg, hol tapasztalod meg ezeket a kérdéseket a testedben. Ahol érzed őket, ott ítéletet tárolsz.

Amikor megítélsz valaki mást, valójában védekezel, leválsz, tagadsz és elkülönülsz attól, amit nem vagy hajlandó meglátni magadban. Ez azért van, mert mások tükröt mutatnak arról, amit valójában magadban ítélsz meg. Ez benne tart egy korlátozott nézetben arról, ki is vagy valójában. Így hát valahányszor ujjal mutogatsz arra, mi történt előző este vagy múlt héten, múlt hónapban vagy 20 évvel ezelőtt, valójában letagadsz, leválsz, elkülönülsz és védekezel valami ellen, amiért nem akarsz számot vetni magaddal. Épp ezért akkora kihívást ezt elengedni, és épp így maradsz a ketrecbe zárva.

Hiszen az ítélkezés arról szól, hogy leértékeled és megtagadod azt, amit nem vagy hajlandó és képes meglátni magadban, így az ítélkezést kirovod vagy kivetíted valaki másra, hogy enyhítsd magadon a nyomást. Azonban nem ez az egyetlen módja a nyomás csökkentésének. Példának okáért, amikor egy klienssel dolgozom, megkérem őt, hogy energetikailag adja oda a Földnek ezt a nyomást és az ítéleteket. Fokozatosan is elengedheted az ítéletedet. A benyomásom alapján viszont, ha hozzászoktál egy életen át önmagad megítéléséhez, akkor állandóan monumentális változásokat szeretnél teremteni az életedben, mert úgy hiszed, hogy valaminek meg kell változnia ahhoz, hogy jól legyél. A siker azonban lehet mindössze egy foknyi változás is.

Ha például egy hajó kapitánya vagy, és csak egy fokot változtatsz a nautiluson, az hatalmas változást jelent a hajó pályáján az óceánon, egy nagy elmozdulást. Bár egy fok intellektuálisan kicsinek tűnik, egy fokos elmozdulás óriási változás a változástatás pályáján, hatalmas mozgás a bántalmazás utáni teremtés hatókörében.

Mi lesz ma az egy fokos elmozdulásod? Használd az alábbi energia gyakorlatot, hogy az első egyfokos elmozdulásodat az ítélkezésen túlra vidd,

ENERGIAGYAKORLAT: ENGEDD BELE AZ ÍTÉLETEIDET A FÖLDBE

Az ítélkezés lekapcsol és leválaszt a testedről, így az első lépés, hogy túltedd magad az ítélkezésen az, hogy újra kapcsolódsz. Ülj le egy csöndes helyen, hunyd le a szemed, és vegyél pár mély levegőt. A szádon át lélegezz, hogy összekötsd a tested és az elméd. Terjeszd ki az energiád mélyen a földbe, és keresztül rajta.

Akárhol érzékelsz egy nehézséget vagy sűrűséget, ragadd meg, és egy nagy levegővel hajítsd a földbe. Ez egy felajánlás a földnek. Ahogy felajánlod a földnek az ítéleteidet, az felszabadítja a tested a sűrűsége és súlya alól, ami megakadályozza, hogy a szabadság, tér és igazság legyenek a valóságod. A föld valóban az a tér, ahol az ítélkezésnek nincs helye.

Mindent, amit a testünkből adunk a földnek és hozzájárulás, azt a föld elfogyasztja. Üzemanyaggá válik a föld számára, és regenerálja azt. Elvehető a testünktől, hogy ne kelljen tovább cipelnünk, és a föld javára használható.

Ajánld fel az ítéleteidet a földnek hozzájárulásként. Ebbe beletartozik az ítéleted az alábbiak bármelyikéről:

- Anyád, apád, testvéred, nagyszüleid, nagynénéid és nagybátyáid
- A tested, valamint bármely testrészed, a tested eleje, hátulja, bármilyen sebhely vagy krónikus gyötrelem és fájdalom
- A bántalmazóid

Engedd el mindet. Ajánld fel a földnek, mint ajándék és hozzájárulás. Ezután hozd vissza magadhoz az energiádat a földből az ítéleteid nélkül. Fogadj be a földtől.

Terjeszd most ki az éberségedet, és vedd észre, mire vagy éber a testedben. Könnyebb vagy, vagy nehezebb? Több tered van vagy kevesebb?

Időről időre újra eloszlathatod az ítéleteidet a földben, amíg meg nem jelenik a béke és a lehetőség érzete.

Generálás a múltból

Amikor még mindig ragaszkodsz a múltad toxicitásához, lényegében akként a gyerekként vagy fiatalabb verziódként éled az életedet, akit bántalmaztak. Ha bántalmaztak, a tipikusabb pozitív emberi válaszok és interakciók távolinak tűnhetnek, mintha nem hozzád tartoznának, vagy mintha nem tudnád elérni őket. A kedvesség idegen érzés lehet számodra. A hála és nagylelkűség kínos és megterhelő. A szerelem veszélyesnek tűnhet.

Minden szórakozás és játékosság kiürülhetett belőled a történtek sokkja és traumája hatására, a helyét pedig hiperéberség, kontroll, merevség és dominancia vette át. Minden kötelezettséggé válik, ezáltal pedig korlátozódik az életben való haladásod képessége.

- Hogyan lépsz túl a bántalmazásodon?
- Hogyan frissíted a tudatalattid és helyettesíted a bántalmazáson alapuló, régi hiedelmeket

újakkal, amik összekapcsolnak pozitívabb érzelmi állapotokkal?

- Hogyan fedezed fel újra a hálát önmagad felé, önmagad kedvességét és szeretetét?

Amikor megpróbálod felkarolni a pozitív aspektusaidat, mint például szeretet vagy játék, nagylelkűség vagy hála, lehetnek olyan szituációk, ahol azt gondolod: „Egyszerűen nem tudom, hogyan csináljam ezt." Ez pont olyan, mint amikor a számítógépeden felugrik az üzenet, hogy „a fájl nem található". Elvégre, ha az elmúlt pár évtizedet vagy többet hiperéberségben, kontrollban és merevségben élted le, honnan tudnád, mi a következő lépés?

A hiedelmeid frissítése

Ha a számítógéped teli lenne porral, valószínűleg szereznél egy sűrített levegő sprayt, és kitisztítanád, de amikor a belső világunkról van szó, a legtöbben otthagyjuk azokat a porcicákat, ahol vannak. Ezt hívjuk a komfortzóna ismerősségének. Kivéve persze, hogy legtöbbször a komfortzónánk igencsak kényelmetlen. Mindeközben pedig azon kapod magad, hogy meggátolsz és elutasítasz minden jót az életedben. Elképzelhető, hogy azt mondod, boldog vagy, de ez egy hamis boldogságérzet – a felszínen van csak jelen, nem mélyen odabent. Ezzel egyidőben azon kapod magad, hogy gyógyszert szedsz a depresszióra, vagy más egyéb módokon válsz le, vagy kerülöd el a valódi érzéseidet.

Ahhoz, hogy a tudatos választás életét éljük, a bántalmazásban gyökerező programozást ki kell gyomlálni, lomtalanítani és kicserélni, különben folyamatosan csak körbe-körbe jársz, ugyanabba a korlátba vagy üvegplafonba ütközve, ahogy küszködsz vele vagy harcolsz ellene. Harccal azonban nem tudsz túllépni a bántalmazáson.

Úgy lépsz túl a bántalmazáson, hogy megtanulsz másképp választani – harmóniában és egységben élve az életedet önmagaddal, kifogástalan őszinteséggel.

Első lépés: Légy éber

Mint jónéhány koncepcióban is, amit eléd tártam ebben a könyvben, az első lépés az éberség. Amikor megkérdezem emberektől, hogy tudják-e, hogyan fedezzék fel újra a hálát, kedvességet és szeretetet önmaguk felé, néhányan azt felelik, hogy sosem volt nekik. Azonban, ha a bántalmazásod két nappal a születésed után is kezdődött, volt legalább egy napod, amikor nem bántalmaztak. Így hát volt egy pont, amikor megtapasztaltad a hálát, kedvességet és szeretetet. Egyszerűen csak elképzelhető, hogy több tapasztalatod volt a hiperéberségben, dominanciában és bántalmazásban, ám akkor is volt egy pillanat valahol, amiben a bántalmazáson túl léteztél.

Második lépés: A bizalmatlanság elismerése

A második lépés az, hogy felismerd, mennyire bizalmatlan vagy másokkal. A szkepticizmus és ítélkezés fenntartja a ketrecet. Ez olyan, mint a bántalmazás ketrecének egy másik verziója. A bizalmatlanság, szkepticizmus, ítélkezés, hiperéberség, dominancia, kontroll és merevség mind további falakat adnak a ketrecedhez, ami bezárva és korlátozva tart.

Harmadik lépés: Engedd le a falaidat

Annak érdekében, hogy kicseréld a tudatalatti programozást, ami fenntartja a ketrecet, le kell engedned a falaidat. Mély elhivatottságot igényel – amire gyakran a „tudatosság állhatatosságaként" utalok – „nemet" mondani arra, ahogyan a bántalmazás az elmédben és a testedben elraktározódott. El kell kezdened elhagyni azokat a döntéseket, ítéleteket és kikövetkeztetéseket, amiket egynaposan, hároméveseen vagy nyolcévesen hoztál, vagy akárhány éves is voltál, amikor a bántalmazás kezdetét vette. Ne feledd, ezek azért jöttek létre akkoriban, hogy megvédjenek téged, azonban egy elavult programozás részei. Többé már nem támogatnak téged, sőt, inkább a károdra vannak.

ÍRÁSGYAKORLAT: LÉGY ÉBER

Jegyezd fel azokat a szituációkat, élményeket, időket, helyeket, embereket és dinamikákat az életedben, ahol szeretnéd átölelni a kedvességet, szeretetet és játékot, de minél inkább ezt kívánod, annál inkább küszködsz, és a ketrec rácsainak feszülsz.

MIT SZERETSZ A KETRECBEN?

Túltenni magad a ketrecen részben abból is áll, hogy beismered, hogy van egy részed, ami „szereti", mennyire ismerős és kényelmes. Ezt persze ítélkezés nélkül mondom. Emberi lényként azt csináljuk, amit szeretünk. Mit szeretsz a küszködésben?

- Biztonságosabbnak tűnik?
- Félelmetesnek tűnik sebezhetőnek lenni?
- Aggódsz, hogy ha változtatsz, azzal megbántasz másokat?
- Képes vagy elviselni a bizonytalanságot, amikor a jövőre gondolsz?

Vannak azok az elképzelések vagy hiedelmek, amelyek az előrehaladás, a kockáztatás és a dolgok másképp csinálásának útját állják. A baj az, hogy ugyanaz a dinamika újra meg újra önmagad megítéléséhez vezet. Ez aztán odáig fajul, hogy elkülönülsz másoktól, ami aztán megteremti a többiekről való leválást.

Amíg van előnye annak, hogy tartogatod ezeket a régi fájlokat és nem üríted ki a lomtárat, garantálod, hogy mindig is a múltad áldozata legyél, a ketrecbe zárva. Folytatod azokat a viselkedésmintákat, amelyek oda juttattak, ahol ma vagy. Soha nem fogod egy korlátozott állapotú valóságon túlra engedni magadat. Ez szó szerint házasságban tart a bántalmazó valóságoddal.

Így hát, ha nem frissíted a tudatalatti operációs rendszeredet, olyan leszel, mint egy szív, ami arra vár, hogy összetörjék. Egy katasztrofális életet teremtesz, vagy elutasítod a pénzt, vagy véget vetsz egy újabb párkapcsolatnak.

A HITRENDSZEREID

A hitrendszereid arról, hogyan kell válaszolnod a világnak, arra alapulnak, amit megtanultál. Ezek a trauma szemszögéből formálódnak.

- Ha figyelmet kapok, bántalmazni fognak.

- Ha látható vagyok, bántalmazni fognak.
- Ha ránézek bárkire, bántalmazni fognak.
- Ha találkozok bárkivel, bántalmazni fognak.
- Ha kilógok a sorból, bántalmazni fognak.
- Ha bármi értékeset csinálok, bántalmazni fognak.
- Ha kiállok magamért, bántalmazni fognak. Ha megszólalok, bántalmazni fognak.
- Ha bármit csinálok, ami különbözik, bántalmazni fognak.

Amikor ilyen elavult hitrendszerek működtetik még mindig az életedet, akkor még mindig úgy viselkedsz, mintha igaz lenne, amit akkor döntöttél el, amikor bántalmaztak. Még mindig a fiatalabb éned szűrőin keresztül működsz, és a réges-régen létrehozott mentális programozásból válaszolsz.

A VIBRÁCIÓS FREKVENCIÁID

Lényegében a jelenlegi tudatalatti hiedelmeid még több bántalmazást vonzanak be a bántalmazás rezonáns frekvenciájának – az általános rezgésednek – köszönhetően, és emiatt másokkal is ugyanezen a frekvencián rezonálsz. Ez nem jelenti azt, hogy bármi baj lenne veled, vagy hogy hibás vagy, amiért ez állandóan megtörténik. Itt van az, amikor az emberek összezavarodnak, mert hallanak a Vonzás törvényéről, és azt gondolják, hogy ők teremtik a bántalmazást. Én sem „teremtettem" valójában, hanem fennakadtam a frekvenciájában. A valóságomként fenntartott ketrecem falai – és a tudatalatti operációs rendszeremben tárolt információ – azt jelentették, hogy hasonló frekvenciával rendelkező emberek passzoltak hozzám.

Ha az előbb említett dolgok közül bármi rezonál veled, akkor a hiedelmeid tartják fenn a konfliktust közted és aközött, hogy radikálisan elevenen élj, vagy egyáltalán jelen tudj lenni ebben a pillanatban. Míg a múltadból működsz, és az abból kialakult hiedelmekből, mindig is a bántalmazás rezonáns frekvenciájában leszel.

ÁRASZD EL AZ ELMÉD AZZAL, AMIT AKARSZ

Hiedelmeket megváltoztatni annyit tesz, hogy „el a régivel, ide az újat". Némi felfedezésbe és munkába kerül, hogy valóban megtudd, milyen életminőségre vágysz. Ehhez segít, ha megkeresed azt a teret vagy helyet az életedben, ahol a legboldogabb vagy.

- Hol érzed magad a legjobban a testedben?
- Mikor érezted magad biztonságban és védettnek, és ezzel egyidőben elevennek?

Tudd meg, milyen szituációk ezek, és kezdd el ezeket új tapasztalatokként rögzíteni a testedben. Ez lehetővé teszi számodra, hogy belülről új alapokat kezdj el építeni az életednek, újonnan elérhető választások által. Szintén elkezdheted aktívan meghatározni az általad értékesnek tartott minőségeket, mint például a kedvesség, nagylelkűség, hála és szeretet. Aktívan választanod kell az örömtelibb élményeket, amelyek könnyedséget és kiterjedést hoznak a testedbe, még ha elsőre ezek idegennek is tűnnek.

Annak érdekében, hogy megváltoztasd a hitrendszerei-det, először is választanod kell önmagadat. Választanod kell azt, ami túlmutat azon, amit rád erőltettek. A tuda-tosság állhatatosságával, radikális elevenséggel, vala-mint agresszív jelenléttel kell választanod. Választanod kell, hogy „nemet” mondasz arra, amit nem akarsz, és „igent” mondasz arra, amit akarsz.

Ez az, amit a legtöbben nem értenek. „Felpróbálják” az öröm és kiterjedés új minőségeit, ám úgy tűnik, mintha ezek nem passzolnának, hiszen nincsenek hozzászokva ahhoz, hogy azokon a frekvenciákon rezonáljanak. Így hát azt mondják, hogy: „Ez nem nekem való”, majd visszatérnek a régi, ismerős utakhoz. Ha így teszel, azzal behódolsz a bántalmazásnak. Ha így teszel, azzal azt mondod, hogy *nem* vagy kedves, nagylelkű vagy hálás. Ha így teszel, azzal azt mondod, hogy *nem* vagy szeretet. Ez pedig egy bődületes hazugság.

Már most kedves, nagylelkű, hálás és szerető vagy.

A legtöbbünk, akiket bántalmaztak, mi vagyunk a legkedvesebb, leggyengédebb, legsebezhetőbb, legbölcsebb, legintelligensebb, leggyönyörűbb lények, akikkel valaha találkoztam ezen a bolygón. Választhatod, hogy belenyúlsz önmagad ezen valódi terébe a rád erőltetett valóság helyett. Még akkor is, ha eleinte csak a kisujjadat mártod bele, keress egy olyan helyet a testedben, ami tudja magáról, hogy a kedvesség, nagylelkűség, hála és szeretet kivetülése – egy helyet a testedben, ami tudja, hogy amikor a természetben, a földön, a levegőben vagy az univerzummal vagy, csakis kedvesség, nagylelkűség, béke és nyugalom lakozik benne. Ha ezt meg tudod tenni, elkezded megváltoztatni az életedet.

Nevetségesnek tűnhet, hogy ez csupán egy kisujjnyit ér meg néhány embernek, de még az is hatalmas váltás lehet. Néha az a kisujj az egyetlen hely, ahol egy orvos vagy nővér megérintett valakit, amikor megszületett, és ez az egyetlen szerető érintés, amelyben valaha része volt. Tisztában vagyok vele, hogy extrém példával élek, de gyakran dolgozom olyan emberekkel, akik azt állítják, hogy soha nem volt részük szerető érintésben az életük során. És bár ez túlnyomórészt igaz, mégis szeretnénk előhívni a leghalványabb mennyiségű szeretetet, örömöt és hálát, amit ismerünk, és elkezdeni kiterjeszteni őket, hogy a valóságunkká váljanak ahelyett, hogy kivételekként éljenek tovább, mint ezelőtt. Meg kell találnod azt a helyet, ahol ezek a minőségek egy autentikus térben léteznek a testedben, és kamatoztatni ezt.

ENERGIAGYAKORLAT: TERJESZD KI AZ ENERGIÁT ÉS AZ ÉBERSÉGET A TESTEDBEN

Ha felfedezted azt a teret a testedben, ami tudja, ki vagy valójában, engedd meg annak a részednek, hogy mosolyogjon. Még ha csak egy másodpercnyi szerető érintés is volt csupán ez, amikor még kisbaba voltál, engedd, hogy a következő ujjadra is kiterjedjen, majd a következő ujjadra, majd a következőre, és a hüvelykujjadra is, majd a kezedre, végül pedig engedd meg neki, hogy a karodra is felterjedjen.

Még akkor is, ha nem tudsz visszaidézni egy szerető érintést másvalakitől, vedd elő a saját forrásaidat. Kezdd el végiggondolni azokat a pillanatokat az életben, ahol örömtelinek és szabadnak érezted magad, és hangolódj rá a veled született kedvességedre, nagylelkűségedre, háládra és szeretetedre, ami valójában vagy, túl azon, amit megtapasztaltál. Terjeszd ki, amíg egyre nagyobb és nagyobb nem lesz, hogy már ne csak a kisujjad legyen az, hanem a tested háromnegyedét beborítsa, végezetül pedig az egész testedet ellepi majd.

Gyakorlással, sok-sok gyakorlással azon kapod majd magad, hogy egy vadonatúj operációs rendszered van, amely annak az erényein alapul, aki molekuláris szinten valójában vagy.

Összefoglalva: feltérképeztük, hogy a hitrendszereid miként irányították a műsort. Annak érdekében, hogy megváltoztassuk a tudatalatti operációs rendszered tartalmát, tudatos erőfeszítést kell tenned, hogy éberré válj a régi programokra, amelyek működtetnek téged, és ki kell pucolnod az elavult hiedelmeket, amelyek már nem szolgálnak téged és az életet, amire vágysz. Ezek után van választásod, hogy aktívan eldöntsd, milyen hiedelmeket szeretnél, hogy támogassanak téged mindabban, ami vagy, és amit kifejeznél, valamint elkezdd becsepegtetni ezeket az új minőségeket és tapasztalatokat, akármennyire is ismeretlennek tűnnek elsőre. Ettől a ponttól kezdve készen állsz, hogy magadhoz öleld a radikálisan eleven élést.

TIZENKETTEDIK FEJEZET: A RADIKÁLISAN ELEVEN ÉLÉS

Nem vagyok áldozat, sem túlélő, de voltaképpen még gyarapodó sem. Egy belülről fakadó, agresszív jelenléttel választom a radikálisan és orgazmikusan eleven élést. Én vagyok a katalizátor, ami abból teremti és generálja a valóságomat, hogy mi tápláló és élvezetes számomra. Sosem engedem meg senkinek, hogy helyettem válasszon, és ez már önmagában is egy választás, hogy nem csatlakozom ennek a valóságnak az áldozat, túlélő vagy gyarapodó címkéihez.

Valós értelemben ezidáig egy élettelen állapotban éltél a bántalmazás eredményeképpen. Most azonban itt az ideje valami teljesen másra váltani – a radikálisan eleven élésre –, és az itt felvonultatott elképzelésekkel ez egy valódi lehetőség.

Egy radikálisan eleven élet megélése nem azt jelenti, hogy nem leszel dühös, szomorú, vagy bármi más, amit a bántalmazásban tapasztalunk. Azt jelenti, hogy kényelmessé válik számodra az érzelmeid kifejezése. Minden részed nagyszerűbb kifejezésére nyílik majd lehetőséged.

Képzeld el, hogy rendelkezel minden, a ki nem fejezett haragban és szomorúágban elzárt életerővel, a szégyen által elzárt összes varázslattal, a félelem által legyilkolt bölcsességével a testednek – képzeld el, hogy mindez elérhető számodra. Amikor radikálisan elevenen élsz, többé nincs szükséged rá, hogy megpróbáld kontrollálni a világodat ahhoz, hogy biztonságban érezd magad, vagy csak lekövesd a mozgását a kapcsolatodnak magaddal, a testeddel, a partnereddel, a munkáddal és a bankszámláddal. Az első kérdés tehát, hogy hajlandó vagy-e önmagad lenni?

Hajlandó vagy önmagad lenni?

Ismerd meg önmagad.

Ókori görög aforizma, amely Apollo Templomában van feljegyezve

Önmagadként létezni azt jelenti, hogy tisztában vagy az igazsággal arról, ki vagy a szerepeiden, kötelezettségeiden, nemeden, képzéseden, licenceiden vagy képesítéseiden, munkádon vagy azon túl, hogy ki vagy a kapcsolataidban. Azt jelenti, hogy a mások által megtanított vagy definiált kereteken kívül választod, hogy létezel, teszel, birtokolsz, generálsz és teremtesz mindent. Önmagad ezen mély ismerete – a valódi énedé – feloldoz a bántalmazás élettelensége alól, feléleszti a testedben élés élvezetes érzeteit, és segít a testeddel való kommunikációban, hogy hozzáférj a vele született bölcsességéhez.

Készen állsz befogadni az univerzum ajándékait, és ismét választani az életed élvezetét és lehetőségeit?

Mi nem vagyok hajlandó lenni?

Az egyik mód, amivel fel szoktam rázni magam a kondicionálás zűrzavarából, hogy felteszem a kérdést:

- Mi nem vagyok hajlandó lenni?
- Mi nem vagyok hajlandó lenni, ami, ha egyszerűen csak lennék, azonnal könnyebbé tenné az önmagamként létezést?

Nem tudom pontosan, hogyan történt meg velem, de emlékszem, hogy azzal a felismeréssel keltem fel, hogy azt választottam, hogy valaki más valóságát élem. Felfogtam, hogy ez mindazokon a referenciapontokon alapult, amelyeket ebben az életben létrehoztam, amelyek a biztonság egy hamis érzetét adták nekem. A valóságom a családom és a neveltetésem referenciapontjaira épült, valamint arra, ahonnan jöttem, a tapasztalataimra, és így tovább. Rá kellett jönnöm, hogy mindez boldogtalanná tett. Tudat alatt még inkább próbáltam elpusztítani magamat. A „Ki nem vagyok hajlandó most lenni?" kérdés nagyon sokat segíthet abban, hogy kitörj ebből a körforgásból.

Még most is, amikor észreveszem az életemben, hogy nem érzem annyira elevennek magam, amennyire eleven voltam, felteszem a kérdést: „Oké, ki vagy mi nem vagyok hajlandó most lenni?" Belemehetnék a saját rosszaságomba és abba, mennyire hibás vagyok, amire programoztak minket, de az a helyzet, hogy ha felteszel magadnak egy ilyen kérdést, azzal kitörhetsz az ítélkezésből, és választásba kerülhetsz.

ÍRÁSGYAKORLAT: MI NEM VAGY HAJLANDÓ LENNI?

Ha felteszel magadnak egy kérdést, az megakadályozza, hogy visszasüppedj a régi kondicionálásodba, ami több aggodalmat, nyugtalan alvást, távolságot és elkülönülést teremt. A kérdés segít, hogy több kapcsolódást és egységközösséget teremts.

Visszautasítod, hogy a saját szépséged legyél?

Visszautasítod, hogy az a szónok legyél, aki lehetnél?

Visszautasítod, hogy az az író legyél, aki valójában vagy?

Visszautasítod, hogy az a maratonfutó legyél, aki tudod, hogy vagy?

Visszautasítod, hogy azzá a tanárrá legyél, amire hívást érzel?

Visszautasítod, hogy az legyél, amiről elhiszed, hogy igaz neked, és amiért itt vagy?

Hogyan választhatom?

Ha megkérdezted magadtól, mi nem vagy hajlandó lenni, a következő lépés, hogy megkérdezd magadtól:

- Hogyan választhatom?
- Mit tehetek azért, hogy válasszam, hogy most azonnal az legyek?

Ám ez ennél is mélyebbre megy. Mi lenne akkor, ha többé nem engedném meg magamnak, hogy elrejtsem a saját erőmet?

Mi lenne, ha sosem engednéd meg magadnak, hogy elrejtsd az erődet?

Tudd, hogy az erődet nem rajtad kívül, hanem magadban fogod meglelni. Mindannyian választjuk, minden egyes pillanatban, hogy kiálljunk és megtegyük, amire csak szükség van. Minden pillanatban azt választjuk, amiről tudjuk, hogy a legjobb, és még ha nem is tudjuk, vagy azt gondoljuk, hogy nem tudjuk, akkor is az alapján választunk, ami kiterjeszti a lehetőséget. Amikor szabadságot adsz magadnak, hogy minden egyes pillanatban válassz, azzal az élettelenségből a radikális elevenségbe mozdulsz.

ÉLET A TÖRTÉNETEN TÚL

Azt vettem észre a saját utammal kapcsolatban, hogy most már olyan messze vagyok a történetemtől, hogy már nem az ítélkező felfogáson keresztül szűröm meg. Egy bizonyos boldogság és szabadság jár azzal, hogy túllépsz az ítélkezésen. Az ítélkezés mindig is ott volt, mindig is velem volt. Annyira hozzászoktam, hogy anélkül viseltem, hogy tudatában lettem volna.

Az élet a bántalmazáson túl egy olyan mély érzést von maga után, hogy rendben vagy azzal, aki vagy. Ahogy ezt a munkát végezzük, egy mélyebb megértésed lesz a bántalmazásod élményéről.

Ez olyan érzés, hogy: „Nem kaparintott meg. Nem tudta

Igen, a bántalmazás megtörtént. Ebben benne lehetett az, hogy valaki rád tette a kezét. De az valójában soha nem te voltál, hanem az ő rád erőltetett valósága. Ki mondja, hogy valami mássá kell válnod, mint voltál, csak azért, mert trauma ért? Így hát ahelyett, hogy átadnád az erődet egy eseménynek vagy bántalmazónak – valaminek, aminek eleve sosem volt semmi köze hozzád –, miért nem térsz vissza ahhoz, aki vagy, és aki mindig is voltál, és szabadítod el azt?

Csak azért, mert a valóság traumának, bántalmazásnak vagy PTSD-nek (poszttraumás stressz szindrómának) hívja, és mert vannak bizonyos dolgok, amiket meg kellene emiatt tapasztalnod, ez nem jelenti azt, hogy meg is kell. Választhatnád, hogy másképp figyelsz, hogy itt valami mást érzékelj, tudj, létezz és befogadj. Ez található a radikálisan eleven élés szívében.

Megbocsátás

A bántalmazás gyógyításának régi paradigmájában azt tanuljuk, hogy meg kell bocsátanunk a gyógyulás érdekében. A megbocsátás azonban csak és kizárólag neked szól. A megbocsátás alapjában véve annyit tesz, hogy elengedsz. Ennek úgymond az az üzenete, hogy: „Szabad vagyok, és te is."

A megbocsátás a tiéd, ha választod, hogy tovább lépsz.

Az utam egy része abból állt, hogy megköszöntem minden elkövetőmnek, férfiaknak és nőknek egyaránt, hogy olyan egyértelművé tették számomra, milyen fenomenális hozzájárulás lehetek ennek a bolygónak, valamint a változást, amit hozhatok. Van bennem egy olyan kedvesség, intelligencia, törődés és érzékenység, ami mindannyiunkban ott van. Ha nem lettem volna hajlandó keresztülmenni azon, amin, hogy válasszam ezt, akkor elképzelhető, hogy nem lettek volna szavaim és tapasztalatom, amit megoszthatok a rádióműsoromban vagy ebben a könyvben, nem tudtam volna emberek ezreit facilitálni. Ma már úgy tekintek az életemre, mint egy poszttraumás fejlődési lehetőség.

Nem azt mondom, hogy a bántalmazáshoz hasonló leckékre van szükségünk. Arról beszélek, hogy választhatunk valami mást, mint például élvezet, lehetőség, generálás, teremtés, változás létrehozása, a tudatosság terjesztése, megerősítés, zsenialitás; valamint meríthetünk a ketrecünkből, hogy fénycsóvát gyújtsunk, ami azt mondja: „Nincs több hazugság. Nincs több bántalmazás!" És segíthetünk másoknak, hogy megtegyék ugyanezt.

Gyakran mondom a klienseimnek, hogy: „Soha nincs késő megváltoztatni a gyerekkorodat, és soha nincs késő megváltozni. És sosem tudhatod, mi történhet azokkal az emberekkel az életedben, akik bántalmaztak." Esetemben például egy mélységes váltás történt anyámmal. Mindketten felnőttünk és megváltoztunk, ami lehetővé tette számunkra, hogy egy csodálatos, szerető kapcsolatot fejlesszünk ki. Ez egy olyan ajándék, amit elképzelni sem tudtam volna. Most, 50 évesen megtapasztaltam, milyen érzés édesanyával rendelkezni, és milyen érzés a feltétel nélküli szeretet. Valóban az, amire mindig is vágytam tőle, és most meg is adatik. A múlt lerótta körét, és megoldódott. Csak az számít, hogy szeretem az édesanyámat, és ő is szeret engem. Szabad vagyok. És ő is.

Nehéz egy ilyen könyvet megírni. Az igazság nem mindig szép, de ahogy végezzük ezt a munkát, úgy gyógyulunk, gyarapodunk és változunk, és gyakran azok is, akik bántalmaztak minket. Ez a radikálisan és orgazmikusan eleven élet kegyelme. Készen állsz rá? Készen állsz több elevenségre?

Univerzum, fedd fel előttünk a csodákat és szabaduljunk meg mindannyian!
És így is van!

ENERGIAGYAKORLAT: RADIKÁLIS ELEVENSÉGBE TERJEDNI

Hunyd le a szemed, és tedd a kezed a csecsemőmirigyedre és a szeméremcsontodra. Lélegezz be szájon át háromszor, és mondd: „SZIA TEST! SZIA TEST! SZIA TEST! SZIA ÉN! SZIA ÉN! SZIA ÉN! SZIA FÖLD! SZIA FÖLD! SZIA FÖLD!” Terjeszd ki az energiád, hogy megérintse a szoba négy sarkát, és lélegezz. Lélegezz ki, amennyire csak tudsz fel, le, jobbra, balra, elölre és hátra. Vegyél egy levegőt magad elől, magad mögül, jobbról, és balról. Lélegezz be a lábadon keresztül, valamint a fejeden keresztül is. Ismételd meg a fenti „sziákat”. Mondd ki hangosan: „MEGVÁLTOZTAM, ÉS TUDOM, HOGY MEGVÁLTOZTAM, ÉS TUDOM, HOGY MEGVÁLTOZTAM, MERT ________________ (fejezd be a mondatot).” Mondd ezt el háromszor. Nyisd ki a szemed.

Figyeld meg, hogyan érzed magad, vagy hogy van-e változás az energiádban.

Engedd ki a testedből a világ bántalmazását

Mi, akiket bántalmaztak, gyakran érzékenyek vagyunk az egész világ bántalmazásélményére, mivel tudjuk, milyen érzés, milyen a szaga és az íze. Tud olyan érzés

lenni, mintha a testünk hiperéberségre lenne progra-
mozva. Mintha lenne egy antennánk, ami kiszagolja,
megízleli és tudja, bárhol is legyen a bántalmazás. És
ha nem is vagyunk éberek rá kognitívan, tudatosan
vagy vizuálisan, a sejtmemóriánk az.

Most már van választásod. Választhatod, hogy
odafigyelsz minden bántalmazás minden suttogó
hangjára az örökkévalóságig, ami felszólít mindannyi-
unkat. Ami pedig talán ennél is fontosabb, hogy
választhatod, hogy meghallod a suttogásokat, és azt
mondod: „Ne tovább. Itt az idő túllépni azon, hogy
megengedtem a bántalmazásnak, hogy uralja az élete-
met." Nincs több bántalmazás – ami veled és a válasz-
tásoddal kezdődik, itt és most.

Így hát azon tűnődöm... mit választasz?

Amondó vagyok:

1 2 3 4 ÜVÖLTÉS

Nincs több bántalmazás!

DR. LISA COONEY

egy kreatív, generatív vezető a személyes átalakulás területén, valamint szakértője a bántalmazáson túli gyarapodásnak. Hivatásos házasság- és családterapeuta, PhD., Theta Healing mester, minősített Access Consciousness facilitátor, és az Éld meg az

ÜVÖLTÉSED! Légy önmagad! Túl mindenen! Teremts varázslatot! alapítója. Nemzetközileg elismert szakértőként Dr. Lisa munkája emberek ezreinek tette lehetővé, hogy áthidalják a gyerekkori szexuális bántalmazásukat, és a bántalmazás egyéb formáit, hogy megéljék a

„Radikálisan orgazmikus, eleven valóságukat" (ROAR).

A munkájának varázsa elemi koncepciókra összpontosul, amelyeket arra használt, hogy nemcsak kora gyerekkori bántalmazásából, hanem életveszélyes betegségéből is kigyógyítsa magát. Ezek az alapvető elvek, amikbe beletartozik a 4 C - válassz magadért, köteleződj el magad mellett, működj együtt az univerzummal és tudd, hogy azon ügyködik, hogy megáldjon téged, és teremtsd az életet, amire vágysz – a mély és tartós átalakulás próbakövei.

Az átalakító bölcsesség tudásanyagához való saját forradalmi és „felfedezői" hozzájárulásán felül tehetségesen használja az Access Consciousness kreatív eszközeit, valamint más modalitásokat, hogy